Günter Hager

FUCKING GASTRO RELOADED

LWmedia VERLAG

Mit Gastbeiträgen von:
Peter Dobcak
Willi Dorfmayr
Klaus Fischer
René Gabriel
Günther Greul
Hans Lothar Hofstetter
Wilhelm Holzleitner
Helmut Huber
Hermann Hüthmayr
Gustav Klenner
Claudia Lippert
Rob Lyons
Julian Mayrhofer
Paul Mayrhuber
Christian Mook
Anita Moser
Dorli Muhr
Helmut Peter
Mario Pulker
Heinz Reitbauer sen.
Karl J. Reiter
Andrea Samuel
Alexander Gregor Schedl
Ernst Schietz
Gunnar Sohn
Hans Stoll
Karl Ferdinand Velechovsky
Josef Zotter
u.v.a.

Mit Dank und Respekt vor eurem Mut!

Danke auch an die vielen, die mir Beiträge mit der Bitte schickten, ihre Namen nicht zu veröffentlichen.

FUCKING GASTRO RELOADED

Der Erfolg meines ersten Buches FUCKING GASTRO
und die unzähligen Reaktionen meiner
Gastro-Kollegen haben mich überwältigt.
Immer wieder hörte ich Sätze wie: Ja, das und oft
noch viel Ärgeres hab' ich auch erlebt! Mehr und
mehr wurde mir klar: Die Sache ist noch lange nicht
zu Ende. Es gibt noch viele unglaubliche Geschichten
vom täglichen Überlebenskampf gegen Bürokratie,
Schikanen und Ignoranz zu erzählen.
Und es gibt Lösungsansätze und Wege aus dem
Vorschriften-Dschungel. Viele gute Gründe also für
FUCKING GASTRO RELOADED!

Günter Hager, Wirt

Günter Hager
FUCKING GASTRO RELOADED – Neue Frontberichte aus dem Vorschriften-Dschungel
1. Auflage 2017
Medieninhaber und Herausgeber: LW Werbe- und Verlags GmbH, www.lwmedia.at, Wien–Krems
Geschäftsführer: Erwin Goldfuss
Projektleitung: Mag. (FH) Claudia Altrichter
Redaktion: Fritz Gillinger
Gestaltung & Illustration: Martin Bauer, Artdirector; Uli Wögrath, Karoline Grubbauer (Infografik)
Die Namen der als „Anonym" gekennzeichneten Autoren sind der Redaktion bekannt.
Druck und Bindung: Druckerei Janetschek GmbH

ISBN 978-3-9504163-6-7

Günter Hager

Der 1955 in Wels (OÖ) geborene und im Almtal aufgewachsene Günter Hager war einer der ersten Haubenköche Österreichs. Sein Fachwissen holte sich der gelernte Koch bei Sterne-Größen wie Werner Matt oder Gerhard Gartner. Hager zählt zu den Pionieren der österreichischen Haubenküche, 10 Jahre lang führte er das „Allegro", das erste Haubenrestaurant von Linz. Seit 1997 ist Günter Hager Chef des Wirtshauses und Szenelokals „Josef" in Linz. Sein Buch FUCKING GASTRO brachte den streitbaren Gastronomen 2016 in die Bestseller-Listen und auf die Podien zahlreicher Fachseminare im In- und Ausland. Neben seiner Leidenschaft für Gastgeberschaft und Unternehmertum setzt sich Hager seit den 1990er-Jahren für soziale Projekte in Tibet ein. Er ist Gründer zweier tibetischer Waisenhäuser sowie eines Altersheimes für tibetische Bergnomaden. Günter Hager ist verheiratet und lebt mit seiner Frau Monika im Mühlviertel. Sohn Andreas ist ebenfalls in der Gastronomie tätig.

Inhalt

Liebe Gäste und Gästinnen!

Alle Gender-Beauftragten und Binnen-I-Wächter mögen verzeihen: Aber für das mühsame Auseinanderklauben von Mitarbeiterinnen und Mitarbeitern, von Köchinnen und Köchen, von Finanzbeamten und Finanzbeamtinnen, von Gästen und Gästinnen und so weiter fehlten mir, ehrlich gesagt, Zeit und Geduld. Deshalb betrachten Sie in jeder männlichen Form von Hauptwörtern auch das weibliche Geschlecht mitberücksichtigt. Außer beim Wort „Rauchersheriff". In dieser seltsamen Vernaderer-Truppe hatte ich es bisher ausschließlich mit Männern zu tun.

Wenn Sie im Buch auf diese Zeichen stoßen, dann geht's um Folgendes:

 *Mailverkehr*

 *Amtliche Mitteilung*

 *Briefverkehr*

 *Lösungsansatz*

Warum FUCKING GASTRO RELOADED?

Warum schreibe ich nach FUCKING GASTRO ein zweites Buch namens FUCKING GASTRO RELOADED? Und das neben meinem gar nicht so einfachen Job als Wirt mit 56 Mitarbeitern aus 17 Nationen? Ja, warum eigentlich?

Ganz sicher nicht, um Geld zu verdienen. Auch wenn FUCKING GASTRO – wie ich nicht ohne Stolz bemerken darf – im Jahr 2016 unter den Top 5 der meistverkauften Bücher Österreichs war, reich wird man damit nicht.

Aber wegen des Geldes hab' ich's auch nicht gemacht. Meinem Bemühen um FUCKING GASTRO RELOADED lag nur ein Ziel zugrunde: Ich will aufzeigen, mit welcher Unmenge an nicht nachvollziehbaren Gesetzesauflagen, unverständlicher Bürokratie und täglichen Belastungen Klein- und Mittelbetriebe und deren Mitarbeiter weiterhin zu kämpfen haben.

Vor Ihnen liegt das Ergebnis von Jahren intensiver Recherchen, Schreibklausuren und Redaktionsbesprechungen. Von hunderten Gesprächen mit betroffenen Wirtekollegen. Von unzähligen Meetings mit Juristen, Verwaltungsexperten und Gewerberechtlern. Vor Ihnen liegt ein ganzes Buch voll von oft unglaublichen Tatsachenberichten vom „Tatort" Klein- und Mittelbetriebe mit Schwerpunkt Gastronomie. Der „Täter": die Bürokratie.

In FUCKING GASTRO RELOADED wollte ich aber nicht nur selbst äußern, sondern auch andere Betroffene zu Wort kommen lassen. Und es war nicht einfach, Freun-

de, Kollegen, Gäste und Mitarbeiter zu motivieren, Geschichten aus ihrem Alltag mit Behörden, Ämtern und Gesetzesauflagen niederzuschreiben und mir zur Veröffentlichung zu schicken. Umso bemerkenswerter die Kraft und der Mut jener, die es dennoch getan haben.

Vor allem „Hut ab" vor jenen, die zustimmten, dass ihre Schilderungen mit behördlichen Schikanen und ihre Meinung dazu mit vollem Namen abgedruckt werden. Klingt selbstverständlich in einem freien Land, ist es aber nicht. Denn Wirtekollegen, Lieferanten und so mancher erfolgreiche Steuerberater und Lohnverrechner ersuchten mich, ihre Namen doch bitte nicht abzudrucken. Das respektiere ich natürlich, ist aber für mich ein Grund mehr, meine Meinung laut zu sagen. Denn es darf ja nicht sein, dass ahnungslose Amtsträger, heimtückische Vernaderer, intolerante Besserwisser oder enttäuschte Mitarbeiter letztlich ein Klima erzeugen, in dem ein Unternehmer aus Angst vor schlechter Zusammenarbeit mit Ämtern und Behörden in seiner Kritik lieber anonym bleibt.

Vielleicht dringt der Aufschrei, den dieses Buch darstellt, auch zur neuen – hoffentlich besseren – Regierung durch. Vielleicht macht sie die Wahlkampf-Ankündigungen von Verwaltungsvereinfachung und Steuerentlastung wahr. Vielleicht ist wirklich bald Schluss mit Interessenvertretungen, die mehr auf politische Erfolge schielen, als auf das Wohl derer, die sie vertreten sollten. Und vielleicht ziehen auch der gute alte Hausverstand und das, was man früher „gute Erziehung" nannte, wieder ein in den politischen Alltag.

In dieser Hoffnung widme ich FUCKING GASTRO RELOADED all meinen Wirtekollegen, die sich verloren fühlen im Vorschriften-Dschungel. Erhebt eure Stimme, lasst euch nicht alles gefallen, kämpft weiter! Und ich widme FUCKING GASTRO RELOADED unseren allerwichtigsten Verbündeten in diesem Kampf: unseren treuen Gästen, den unverzichtbaren, großartigen Mitarbeitern und jener gar nicht so kleinen Gruppe von Beamten, die unglücklich sind mit dem, was sie da oft vollziehen müssen.

Ihr
Günter Hager, Wirt

I. KAPITEL
GÜNTER HAGER LÄDT NACH

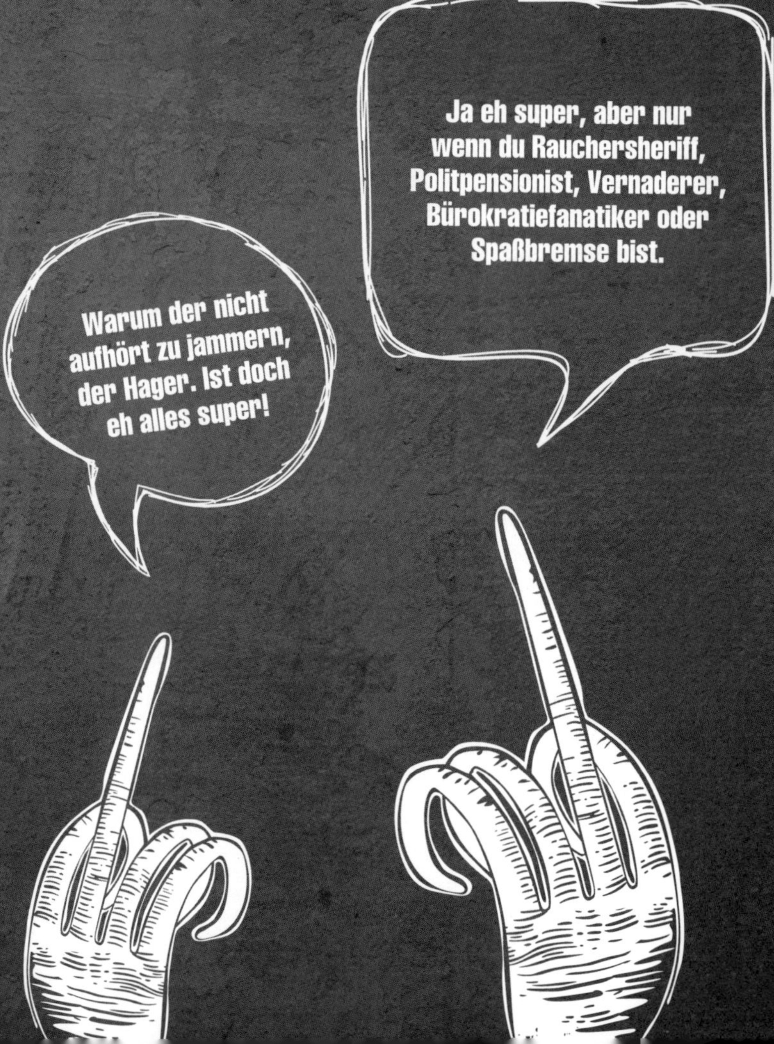

Wenn die Gewinne in der Gastronomie
in den letzten zehn Jahren
von 12,5% auf 1,4% gefallen sind,

wenn dieser Gewinn mit steigenden
Betriebs- und Mitarbeiterkosten belastet wird,

wenn die Unternehmer und Mitarbeiter von
alldem nichts in der Geldbörse spüren,

… dann sind zwei Fragen
schon gerechtfertigt:

Wer frisst das alles auf?

Warum soll man da
noch jemandem raten,
Wirt zu werden?

Günter Hager

Es lebe der Genuss!

„Der Besuch eines österreichischen Wirtshauses kann Ihre Gesundheit gefährden!"

So oder ähnlich wird es wohl auf dem Schild stehen, das wir nächstens laut EU-Verordnung an unseren Gasthäusern anbringen müssen.

Ich übertreibe? Dann denken Sie doch mal an die Vorschriften der letzten Jahre und die bereits jetzt geführten Diskussionen über Kommendes: Der übereifrig vorgeschriebene Allergene-Wahnsinn auf unseren Speisekarten, der „Bräunungsgrad" von Schnitzel & Co., per Farbtafel vorgeschrieben, Alkoholverbot da und dort, totales Rauchverbot, Schweinsbraten ist ungesund, Milch ist schädlich, Butter auch (oder – hoppla – jetzt nicht mehr), vegan ist hui, Fleisch pfui, bio sowieso, Öffnungszeiten und Sperrstunden gehören reglementiert bis zum Abwinken, Arbeitszeit wird von oben verordnet, die Pausen ebenso und so weiter und so weiter ... fast manisch werden Regeln und Verordnungen unter das Volk gebracht.

Mir macht die Tendenz der steigenden staatlichen Bevormundung echt Sorgen. Ein noch nie dagewesener Missionierungsgeist unserer Politik lenkt von wirklichen Problemen ab und zerstört unsere so mühsam erkämpften Freiheiten. Was soll das für ein Leben sein? Wollen wir wirklich alle 90 werden, koste es, was es wolle? Mehr und mehr verlieren wir Lust, Genuss und Freude. Es kann doch nicht nur um Lebensquantität gehen, Lebensqualität sollte das Ziel sein! Und deshalb: Weniger Bevormundung und mehr Selbstbestimmung. Weniger Reglementierung und mehr Selbstverantwortung. Mahlzeit und Prost!

Alles verspielt!

Gleich mal vorweg: Ich habe in meinem Leben noch keinen Spielautomaten genutzt, mein mühsam verdientes Geld ist mir zu kostbar, als es auf derartige Weise wieder loszuwerden. Auch sind mir die unzähligen Spielhöllen ein Dorn im Auge, die mehr und mehr unser Stadtbild prägen. Allerdings muss man auch die Tatsache anerkennen, dass diese Lokale eben auch ein Zeichen für den Traum mancher Menschen nach schnell verdientem oder, besser gesagt, schnell gewonnenem Geld sind. Nachfrage bestimmt eben Angebot!

Ich erinnere mich noch an die Zeit, als die Politik laut über ein Verbot der einarmigen Banditen in den Gaststätten auch in unserer Region nachdachte. Die Folge: Lange vor der gesetzlichen Umsetzung dieses Verbots stellten sogar die großzügigsten Getränkelieferanten auf Barzahlung bei Lieferung um. Der Grund: Die Getränkelieferanten gingen davon aus, dass die vielen kleinen Pubs und Kneipen ohne diese Automaten ihre Rechnungen nicht mehr bezahlen würden können.

Während für die Politik also die einarmigen Banditen in den kleinen Lokalen „pfui" waren, waren ihnen die Millionen an Steuergeldern, die die staatlichen Casinos mit ihren tausenden Spielautomaten abwarfen, sehr wohl willkommen. Auch die Bundeshauptstadt mit ihren vielen Millionen Touristen jährlich verbot sämtliche Spielautomaten. Bis auf jene, die in den staatlichen Casinos den Rubel rollen ließen, versteht sich. Die Folge: die Casinos blühten, hunderte kleine Bars, Kneipen und Cafés – oft auch Treffpunkt der Randfiguren unserer Gesellschaft – mussten schließen. Schon einmal darüber nachgedacht, wo so manche Sandler und Bettler, die heute die öffentlichen Parks bevölkern, vorher ihre Zeit verbrachten?

Am Ende blieb die Ernüchterung, dass aufgrund dieser Verbote rund 50 Millionen bereits budgetierter staatlicher Steuereinnahmen fehlten. Obwohl, jemand freut sich schon über dieses Verbot: die international im Internet tätigen Wettanbieter, die einen enormen Zulauf erleben. Unser Vater Staat geht leer aus, die Gewinner der Aktion sitzen im Ausland. Dumm gelaufen!

Weiß-blaue Geschichten

Es ist schon einige Jahre her. Anfang Oktober. Wieder mal hatte „mein" Magistrat einem Ansuchen eine Absage erteilt. Mein Begehr: Ich wollte am Eingangstor zu meinem Linzer Innenstadtlokal *Josef* eine große bayrische Fahne anbringen. Der Hintergrund lässt sich denken: Werbung! Die Fahne war als sichtbares Zeichen gedacht, dass auch in meinem Lokal in diesen Wochen Münchner Oktoberfeststimmung herrschen würde.

Zu viel verlangt, offensichtlich: Das Gewerbeamt teilte mir in einem mehrseitigen Brief ausführlich mit, dass eine Genehmigung nicht erteilt werden könne. Einer der Hauptgründe für die Ablehnung: Die bayrische Fahne passe nicht in das Linzer Ortsbild! Als notorischer Dickschädel (mir Wohlgesinnte nennen es Zielstrebigkeit) konnte und wollte ich diese Absage einfach nicht akzeptieren. Angestachelt wurde mein Widerstandsgeist auch noch: Im Autoradio wurde der traditionelle Aufmarsch tausender Bayern zur Eröffnung des Münchner Oktoberfestes angekündigt, in Zeitungen und am Fernsehschirm sah ich, wie man selbst im tiefsten China, in New York und auf Bali das Oktoberfest in Weiß-Blau zelebrierte. Und nur bei mir armem Linzer Wirt wird die Feierlaune gleich mal im Keim erstickt? Am Ende weiß der übereifrige Beamte gar nicht, dass dieses himmlisch blau-weiße Oktoberfesttuch auch die bayrische Nationalfahne ist?

Die Kampfeslust war geweckt: Ich griff zum Telefon und rief den Programmdirektor eines großen

Privatradios an, der nicht nur ein guter Freund von mir ist, sondern auch lange Zeit Mitarbeiter bei *Antenne Bayern* war. Kurz darauf hielt ich schon eine Liste mit interessanten Münchner Medienkontakten in Händen. Eine kurze Zusammenfassung meiner Lage und eine Kopie der amtlichen Absage waren schnell zusammengestellt, das „brisante Paket" ging postwendend an die wichtigsten Journalisten der bayrischen Metropole.

Die Reaktionen waren gewaltig. Noch am selben Tag zierte eine riesige Schlagzeile die Titelseite der *Münchner Abendzeitung:* LINZER MAGISTRAT VERBIETET BAYRISCHE NATIONALFAHNE. Ups! Da wird wohl jetzt jemand Erklärungsbedarf kriegen, dachte ich mir. So war es auch. Der Zufall wollte es, dass gerade in den Stunden höchster nachbarschaftlicher Aufregung einer meiner Freunde bei einem Termin mit dem Linzer Bürgermeister zusammensaß. Er erzählte mir später von einer sehr turbulenten Besprechung, die das Stadtoberhaupt immer wieder unterbrechen musste. Andauernde Anrufe und Anfragen von Presseleuten, die um Stellungnahmen ersuchten, machten schließlich ein vernünftiges Gespräch unmöglich. Das Treffen wurde vertagt.

Irgendwie konnte ich mich in den Herrn Bürgermeister hineinversetzen, denn auch bei mir lief das Telefon heiß: *Bayern 3, Antenne Bayern* und auch die TV-Sender *SAT1* und *RTL* wollten, dass ich Wortspenden zur „Fahnen-Affäre" liefere. Klar, dass die heimischen Medien aufmerksam wurden. Auch sie waren voll auf bayrischer Linie: Wie man nur die bayrische Nationalfahne verbieten könne, noch dazu, wo's um das weltberühmte Oktoberfest geht …

Über das Wochenende hatte sich das mediale Säbelrasseln gut hörbar gesteigert. Am Montag dann, ein Anruf. Da schau her, das Linzer Amt! Ein „behördlicher Mittelsmann" knirschte etwas wie *„Okay, hängt sie auf, die Fahne"* ins Telefon.

Ich hatte eine Schlacht gewonnen, den Krieg gewinnen aber immer die Behörden. Ich konnte es förmlich spüren, wie man sich in den Magistratsgemäuern wieder formierte und Gegenangriffspläne wälzte. Und wirklich: In den rund zehn Jahren seit dieser „Fahnen-Affäre" habe ich unzählige Momente erlebt, in denen die städtischen Behörden in der Retourkutsche bei meinem Lokal vorfuhren. Aber, was soll's! Der damalige Bürgermeister hat sich inzwischen – nicht ganz freiwillig – aus der Politik verabschiedet und für den neuen sind bayrische Fahnen kein Grund zur Aufregung: Wer heute in Linz eine Fahne an seinem Lokal anbringen will, muss nicht mehr mühsame Behördenwege in Kauf nehmen.

Na, darauf trink ich a Mass!

Endlich Urlaub! Endlich Urlaub?

Auf einer Sonnenliege in unserem Lieblingshotel in Phuket! Neben mir meine nicht weniger glückliche Ehefrau. Wir hatten uns riesig auf den Urlaub nach acht Monaten intensiver ununterbrochener Arbeit gefreut. „Arbeit", das heißt in der Gastronomie nicht „Montag bis Freitag, 8–16 Uhr, gewerkschaftlich vorgeschriebene Pausen inklusive", sondern immer und jederzeit für die Anliegen unserer Gäste da sein.

Schon auf dem Weg in mein 17 km von meinem Haus entferntes Gastronomieunternehmen versuchte ich, den Großteil meiner täglich etwa 50 Telefonate zu erledigen. In unzähligen Seminaren und Kursen hatte ich gelernt, zuerst die heißen Eisen anzupacken. Also ran ans Telefon und Gespräche mit Behörden, reklamierenden Kunden, Bankbetreuern und Steuerberatern führen.

Und dann sollte der Urlaub beginnen: faulenzen, einfach mal nichts tun, abends in eines unserer Lieblingsfischrestaurants gehen, schon lange gekaufte Bücher lesen … Und nicht vergessen: Immer fest eincremen! Schließlich will man sich seinen wohlverdienten Urlaub nicht von einem Sonnenbrand vermiesen lassen.

Selbstverständlich hatte ich mein iPhone mit dabei, ebenso das MacBook, und auch das neueste iPad durfte nicht fehlen. Schließlich ist Mann ja technisch interessiert! Meine Frau warf einen argwöhnischen Blick zu mir rüber, als ich auf der Terrasse unseres Zimmers eine WLAN-Verbindung einrichtete. Ich aber freute mich ungemein, endlich die tausenden

Fotos meiner letzten Tibet-Reise ordnen zu können. Moni, unsere neue Büroassistentin, hatte ich eindringlich gebeten, nur wirklich wichtige Angelegenheiten an mich weiterzuleiten. Alles andere würden unsere drei Abteilungsleiter für Küche, Service und Nachtdienst schon erledigen. Wozu hat man denn wertvolle Mitarbeiter?

Bevor ich nun mit dem Sortieren der Reisefotos begann, wollte ich noch einen kurzen Blick auf die Mails werfen, die während unseres zehnstündigen Nachtfluges nach Bangkok eingegangen waren. Gleich danach würde ich mich den wunderbaren Fotos widmen, die ich im Vorjahr von der Eröffnung unseres Waisenhauses für tibetische Flüchtlingskinder gemacht hatte.

Ein leichtes Tippen auf die Tastatur, aber mit schwerwiegenden Folgen, wie mir bald bewusst wurde. Klar, dass mir der Titel „Beschwerde" auffiel, als ich mich durch die rund 20 Facebook-Nachrichten scrollte. Ich klickte rein und las die Nachricht, die mir Moni geschickt hatte: Eine Dame hätte angerufen. Gleich nach unserem Abflug – so um Mitternacht – wären ihre Kinder in meinem Lokal *Josef* gewesen. Die Gruppe wollte an einem 6er-Hochtisch, nahe der Bar, Platz nehmen. Nachdem die Gruppe aber zehn Personen umfasste, holten sie sich vier weitere Barhocker und platzierten sich rund um den Tisch. Doch ein Kellner – so die Dame in ihrem Beschwerdetelefonat – verweigerte dies und schlug der Runde vor, sich doch bitte auf zwei Tische aufzuteilen. *„Unmög-*

lich!", ob man im *Josef* denn nicht wisse, dass der Gast König sei, ließ die Dame verlauten. Und außerdem werde man dieses Lokal mit dem *„unfreundlichen ausländischen Kellner"* auf keinen Fall mehr betreten. Natürlich fehlte auch der deutliche Hinweis nicht, dass man von diesem unglaublichen Erlebnis schon bald in einer Tageszeitung lesen werde.

Einer der vielen Standards in unserem Unternehmen mit etwa 65 Mitarbeitern ist, Reklamationen sofort, zumindest innerhalb von 24 Stunden, zu beantworten. Und schon hatte ich keine Zeit mehr für die freundlichen Fragen des höflichen Thai-Pool-Butlers. Sogar meine Fotosammlung hatte ich vergessen. Die Beschwerde nagte in mir, und selbst als mir das zuvorkommende Hotelpersonal kühle Tücher gegen die enorme Hitze reichte, griff ich nicht zu. Keine 15 Minuten im Urlaub, und schon war ich wieder „zu Hause". Und das alles nur wegen eines unhöflichen Kellners. Konnte der nicht besser mit Gästen umgehen? Derart geladen, schickte ich ein mit thailändischer Schärfe gewürztes Mail an Moni. Mit entsprechendem Verteiler an alle Teamleiter und mit der Aufforderung, mir die Sache sofort darzulegen. Ich war sauer und wäre am liebsten durch das WLAN geschlüpft, um unserem Service an die Gurgel zu springen. Die erste Erholungsphase zu Urlaubsbeginn war im Eimer. Meine Entspannungszigarre brannte mir auf der Zunge, weil ich sie viel zu schnell geraucht hatte, sogar den netten Thaikellner, der mir kleine Melonenstücke entgegenhielt, verjagte ich. Und überhaupt: In diesem verrückten Hotel war es ganz einfach viel zu heiß!

Keine 60 Minuten später bekam ich ein Mail, das für mich alles veränderte: Darin erfuhr ich, dass die Kinder der reklamierenden Dame auf Tisch 750 gesessen seien. Tisch 750! – Der Platz gleich unmittelbar beim Zugang zur Toilette! Nahezu jeder unserer Gäste – und das sind an guten Tagen bis zu 2.000 – muss an diesem Tisch vorbei. Je voller das Lokal, umso enger der Weg zur Toilette. Verständlich also das Ersuchen unseres Kellners, auf dem Weg zu den Toiletten keine Sessel aufzustellen. Doch die Kinder der Beschwerde-Dame haben das offensichtlich nicht verstanden. Ganz im Gegenteil: Sie beschimpften meinen Mitarbeiter und stachelten ihre Mutter zu einem wütenden Anruf in dem „unhöflichen Lokal" an.

Na ja, unter die „Top 3" würde mein erster Urlaubstag auf jeden Fall nicht mehr kommen. Aber ein Mittel zur Beruhigung fand ich dann schon recht flott: Ich holte mir nochmals das Beschwerdemail auf den Bildschirm und drückte genüsslich die „Löschen"-Taste. Und dann bat ich den Thaikellner nochmals ganz höflich um ein paar Melonenstücke …

Wenn Märchen (leider) wahr werden

Es war einmal ein riesiges Königreich, das von einer kinderreichen Monarchin namens Maria Theresia beherrscht wurde. Jede ihrer vielen Töchter verheiratete sie mit Kaisern, Königen und Fürsten der Nachbarstaaten, um so ihr riesiges Reich noch riesiger zu machen. Das Reich wuchs und die Herrscher lebten in Saus und Braus. Das Volk aber musste immer mehr arbeiten, um den Wohlstand der großen Monarchenfamilie und ihrer tüchtigen Beamten, Verwalter und Soldaten zu erhalten.

Bald gab es Widerstand im Lande. Das Volk begehrte gegen die Ausbeutung und die hohe Steuerlast ihrer Bauern, Kleinunternehmer und Familien auf. Nach einem heftigen Krieg, in dem viele der unzufriedenen Bürger, Bauern und Wirte ihr Leben lassen mussten, durften sie von nun an ihr verbliebenes, stark geschrumpftes Alpenland selbst regieren. Die vielen zigtausenden Beamten, die zuvor das riesige Kaiserreich – in dem die Sonne nie unterging – verwaltet hatten, fanden sich in der Metropole ihrer alten Heimat ein. Und sie begannen, in ihrer in Jahrhunderten eingelernten bürokratischen Art das kleine Land wieder aufzubauen. Neue Gesetze wurden erfunden, neue Regierungsposten geschaffen, eine Vielzahl an Verwaltungsbezirken wurde gegründet. Das ging so lange gut, bis jeder der zigtausenden Beamten des riesigen ehemaligen Kaiserreichs wieder seiner gut bezahlten Arbeit nachgehen konnte.

Diese befreiten und glücklichen Menschen aus dem kleinen demokratischen Alpenstaat versuchten wieder mal, ein Reich mit sozialem Wohlstand aufzubauen. Die vielen zurückgekehrten Beamten, von nun an liebevoll *Be-ho(e)rden* genannt, unterstützten sie dabei emsig mit einer Unzahl an scheinbar so wichtigen Verordnungen, Auflagen und Gesetzen. Um den Menschen näher zu sein und die Vielfalt der notwendigen Verordnungen der Beamten besser umzusetzen, gründeten diese nun neben der aufwendigen dörflichen Gemeindeverwaltung auch eine prunkvolle, angeblich sehr wichtige Landesverwaltung.

Ihre Sorge um die Arbeitsplätze und die Sicherheit der unzähligen Beamten und der zu verwaltenden Menschen war jedoch so groß, dass sie ehest begannen, auch noch eine Bundesverwaltung aufzubauen. Hier sollten nur die Besten der Besten Eingang finden. Bald erinnerten sich die Enkelkinder der Beamten an die wunderbaren Arbeitsplätze ihrer Groß- und Urgroßväter und an das riesige Land, das diese seinerzeit so pflichtbewusst verwalteten. Sie erinnerten sich an das riesige Kaiserreich, in dem die Sonne nie unterging, und sie versuchten – ausgestattet mit den umfangreichen bürokratischen Kenntnissen ihrer Vorfahren – dieses Land wieder zurückzugewinnen.

Sie führten wieder die wohlklingenden Verwaltungstitel von damals ein: Amtsrat, Hofrat, Ministerialrat usw. Die Träger dieser Titel wurden mit großzügigen Gehältern belohnt und mit viel Freizeit ausgestattet. Die Beamtenfront war wieder zu einer unschlagbaren riesigen Armee herangewachsen. Man schuf unermüdlich neue Verordnungen, Verbote und Auflagen und sorgte auf diesem Weg für immer neue Arbeitsplätze in den eigenen Reihen. An der Spitze dieser Armee stand eine Beamten-Sondereinheit, die sich die *„**E**norm **U**eberbürokratisierten"* nannte und unter dem Codenamen *EU* operierte. Deshalb gaben sie dem neuen Kaiserreich schließlich auch diesen Namen. *Und weil sie nicht gestorben sind, verwalten sie uns noch heute!*

Warum?

Wenn es stimmt, dass die jungen Leute keinen Sinn mehr für Leistung haben: Warum verlieren wir dann jährlich tausende mit Steuergeldern bestens ausgebildete Tourismusschüler und Gastronomiefacharbeiter und aufwendig ausgebildete Lehrlinge an ausländische Unternehmen? Wo doch das Arbeitsklima in diesen Betrieben meist weitaus leistungsorientierter ist, als das in unserem Land.

Warum ist ein Urlaub in einem 5-Sterne-Hotel in Thailand oft billiger als Ähnliches in Österreich, obwohl die leitenden Mitarbeiter dort mehr verdienen? Warum sind die Karrierechancen dort größer als in Österreich? Und warum ist die dort selbst einbezahlte Pensionsvorsorge sicherer als unsere?

Warum muss ein Top-Hotelier oder Top-Gastronomiefachmann, der eine lange, teure und intensive Ausbildung genossen hat, ständig von einer Armada von Kontrollorganen umschwirrt werden, die ihm permanent die Übertretung von (meist völlig sinnlosen) Vorschriften nachweisen und Strafen aufbrummen will?

Warum muss ich ständig hören, dass man in der Gastronomie schlecht verdient? Wo es doch eine Tatsache ist, dass ein guter Kellner bei einem durchschnittlichen Grundgehalt von € 1.500,– netto rund die gleiche Summe zusätzlich als Trinkgeld erhält. In Summe sind das knapp € 3.000,– netto und das bei freier Verpflegung und Unterkunft. Nicht schlecht, oder?

Wochenende ohne Gastronomie

Knapp zwei Wochen vor der Nationalratswahl hörte man in den regionalen Landesnachrichten die scheinbar überaus wichtige Nachricht der Arbeiterkammer, dass der Berufsnachwuchs bei Kellnern und Köchen stark im Schwinden sei. Der vorwiegende Grund: die äußerst unattraktive Arbeitszeit an Wochenenden und die schlechte Bezahlung.

Aber Hallo – was wäre, wenn plötzlich Polizisten, Ärzte und Eisenbahner ihren Dienst am Wochenende verweigern würden? Was, wenn kein Studierender mehr am Wochenende lernt? Wenn an Wochenenden Sportler nicht mehr wettkämpfen und Politiker nicht mehr wahlkämpfen wollen? Ja, und dann könnten doch auch Eltern damit anfangen, ihre Kinder nur mehr wochentags zu erziehen und ihre Haustiere nur mehr von Montag bis Freitag zu füttern.

Freude an der Arbeit, die Erkenntnis ihrer Sinnhaftigkeit und natürlich auch der Wunsch nach einem ordentlichen Einkommen kennen kein Wochenende. Außer, man trommelt den jungen Menschen permanent ein, wie schlecht es ihnen angeblich geht und dass man nur die richtige Organisation wählen müsse, damit alles besser wird. Vor lauter Übereifer übersieht man, dass die permanente Schlechtmacherei auch ein wesentlicher Grund dafür ist, dass den Arbeitnehmervertretungen die Mitglieder aus der Gastronomie-Branche davonlaufen.

Auf die ewige Hetze und die Versprechungen vom „Paradies mit wenig Arbeit und sehr viel Geld" fallen aber immer weniger junge Menschen herein.

Sie kapieren nämlich, dass der alte Spruch „Ohne Fleiß kein Preis" ja doch seine Berechtigung hat, und dass ihnen bei entsprechend guter Ausbildung die ganze Welt der Gastronomie und Hotellerie offensteht. Mit tollen menschlichen Begegnungen, mit unglaublichen Aufstiegsmöglichkeiten, mit Auslandsaufenthalten, ja – und auch mit arbeitsreichen Wochenenden!

Wirtshaus versus Onlinedating

Die ersten TV-Geräte standen ... in Wirtshäusern! Man traf sich, zahlte einen Schilling und staunte, lachte und zitterte gemeinsam bei Winnetou, Ländermatches oder der Mondlandung. Dazu gab's Bier und Würstel und natürlich jede Menge Gelegenheit, das Gesehene gleich lebhaft mit dem Tischnachbarn zu diskutieren.

Denn genau das ist es ja, was die Menschen seit jeher aus der Stube in die Wirtshäuser lockt: Gemeinsamkeit. Nicht das beste Essen, das edelste Tischtuch, die tollste Aussicht, sondern die Ur-Sehnsucht des Menschen nach Gemeinschaft und Kommunikation. Und selbst das Alleinsein lässt sich im vertrauten Umfeld eines Stammcafés leichter ertragen.

Gemeinschaft und Partnerschaft liegen oft nahe beieinander. Nicht selten entwuchs einer fröhlichen Stammgästerunde ein Bund des Lebens, nicht wenige Eheleute trafen einander ganz „klassisch" in Kaffeehäusern, Wirtshäusern, Restaurants und Bars zum ersten Mal.

Doch dann erhielt die Gastronomie als Ort der Anbahnung starke Konkurrenz: Online-Singleportale, wohin die Maus auch klickte, vielversprechende Apps auf allen Smartphones, kontaktfördernde SMS-Spielchen allerorten – das Internet verspricht glückselige Zweisamkeit, bis dass die Langeweile oder das Datenvolumen euch scheidet.

Für viele kam die Ernüchterung. Ähnlich wie beim Satellitenfernsehen: 112 Programme, aber wenn man wirklich nach etwas sucht, findet man nichts. Ob das daran liegt, dass tatsächlich nichts geboten wird, oder an dem Umstand, dass die übermäßige Auswahl zu einer permanenten Suche nach dem „vielleicht doch noch besseren" Angebot zwingt, sei dahingestellt. Tatsache ist, dass Online-Dating zwar zu erfolgreichen Beziehungen führen kann, aber bei Weitem nicht das partnerschaftliche Wundermittel ist, als das es verkauft wird.

Nach schlaflosen Nächten vor dem Computerbildschirm, nach ergebnislosen Treffen mit Menschen, die viel versprachen, aber wenig hielten, nach tausenden in Datingportale investierten Euros begeben sich dann manche doch wieder auf die gute alte Pirsch in der Lokalszene. Freilich, Garantie auf lebenslanges Partnerglück ist das auch keine. Aber weitaus mehr Spaß als stundenlanges Hocken im einsamen Computerzimmer bei Chips und Bildschirmflimmern macht es allemal: Wieder mal mit Kribbeln im Bauch Blickkontakt aufnehmen, ein kleines Kompliment und ein darauffolgendes sekundenkurzes Erröten des Gegenübers, ein herzhaftes Lachen, ein fröhliches Zuprosten ... eine Berührung vielleicht? Ja, meine Damen und Herren Computerjunkies: That's real life! That's 3-D-Feeling, ganz ohne Virtual-Reality-Brille!

Die Gastronomie hat die große Chance, sich die Führungsrolle als Ort der Gemeinschaft und des gemeinsamen Genießens wieder zurückzuerobern. Nicht nur beim Suchen und Finden des richtigen Partners, auch etwa beim gemeinsamen Genuss von erlesenen Zigarren, beim Austausch von Weinwissen oder bei der Gastgartenromantik sind das Wirtshaus und alle anderen Gastronomieeinrichtungen der geeignete Ort. Der Gemeindeball, die wöchentliche Disco, das Vereinsfest im Extrasaal usw. – alles perfekte Gelegenheiten, um Kontakte zu knüpfen. Egal, ob man jetzt nur einen netten Abend erleben, neue Gesprächspartner finden oder den Partner fürs Leben entdecken will.

Die Pointe zum Schluss: Haben sich zwei bindungswillige Online-Bewerber lange genug digital abgeklopft, steigt dann halt doch die Sehnsucht nach einer Begegnung im „echten Leben". Und wo findet die beim Großteil aller Liebeshungrigen statt? Richtig! Im Kaffeehaus, im Wirtshaus, im Restaurant oder in der Bar. Ganz altmodisch analog eben!

Wenn wir jetzt nur noch genügend tüchtige Mitarbeiter finden würden, die den Kampf „Wirtshaus versus Kontaktbörse" gemeinsam mit uns führen wollen. Vielleicht sollten wir es einmal mit einer Online-Jobbörse versuchen ...?

Little sister is watching you!

Sie beobachten mich!

Nein, ich leide nicht an Verfolgungswahn. Es ist traurige Realität, dass ich als doch recht kämpferischer und lautstarker Wirt unter ständiger „Big Brother"-artiger Beobachtung stehe. Und wehe, jemand meint, mich bei einem Vergehen ertappt zu haben – dann wird gnadenlos zugeschlagen.

Ein Beispiel gefällig? Es herrschte – wieder mal – totale Personalknappheit in meinem *Josef*, unzählige Zeitungsinserate hatten „null" gebracht. Eine Mitarbeiterin nützte deshalb Facebook, um auf Kollegensuche zu gehen. Und stellen Sie sich vor: Sie tat dies, ohne auf die Paragraphen 9 bzw. 23 des GlBG zu achten! Doch der unermüdlichen Achtsamkeit einer gesetzestreuen Bürgerin namens Gerda* ist es zu verdanken, dass dieses schauerliche Verbrechen nicht unbeachtet blieb. Gerda* opferte ihre Sonntagsruhe, tippte folgende Aufforderung zum „Einschreiten von Amts wegen" in ihren Computer und mailte sie an – und jetzt kommt's –

» der Magistrat Linz,
» die Arbeiterkammer Oberösterreich,
» die Wirtschaftskammer Oberösterreich.

Und weil man ja nie weiß, setzte „Little Sister" Gerda* auch gleich die Kronen Zeitung in den Verteiler.

An:	Günter Hager
Von:	Gerda*
Betreff:	Einschreiten von Amts wegen gemäß § 10 bzw. § 24 Gleichbehandlungsgesetz (GlBG)

Sehr geehrte Damen und Herren!

Im Anhang 2 Screenshots von der Facebookseite des Stadtwirtes Hager „Josef" mit gleich mehreren zusammengefaßten Stellenanzeigen, der es natürlich nicht für notwendig empfindet, die Gehaltsangaben zu den einzelnen Beschäftigungsangeboten anzuführen.

Gemäß § 9 und § 23GlBG ist ein/e Arbeitgeber/in oder ein/e private/r Arbeitsvermittler/in verpflichtet, in der Ausschreibung das für den ausgeschriebenen Arbeitsplatz geltende kollektivvertragliche oder das durch Gesetz oder andere Normen der kollektiven Rechtsgestaltung geltende Mindestentgelt anzugeben und auf die Bereitschaft zur Überzahlung hinzuweisen, wenn eine solche besteht. Das gilt auch für Arbeitsverträge in Wirtschaftsbereichen, in denen solche Normen nicht bestehen, es sei denn es handelt sich um arbeitnehmerInnenähnliche Personen oder Führungskräfte gemäß § 10 Abs 2 Z 2 Arbeiterkammergesetz 1992.

Hier wurde gegen die Bestimmungen des § 9 bzw. § 23 GlBG verstoßen. Ich vertraue darauf, Sie schreiten hier von Amts wegen ein, gemäß § 10 bzw. § 24 GlBG eine Verwarnung auszusprechen bzw., wenn schon andere Verstöße bekannt sind, eine angemessene Geldstrafe zu verhängen.

Mit freundlichen Grüßen
Gerda*

* Name geändert

Man kennt mich als besonnenen Menschen, mit dem vielleicht ab und zu ein wenig das Temperament durchgeht. Doch ich gebe schon zu, dass dieses Mail pulsbeschleunigend auf mich wirkte. Also setzte auch ich mich an die Tastatur und schrieb der paragraphenfesten Dame:

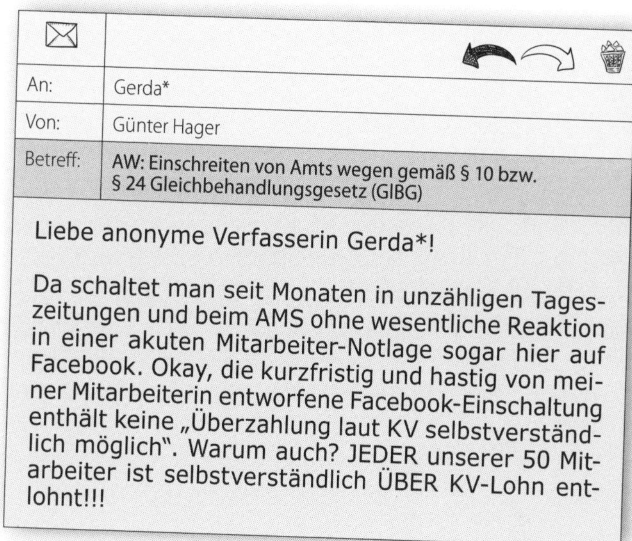
An: Gerda*
Von: Günter Hager
Betreff: AW: Einschreiten von Amts wegen gemäß § 10 bzw. § 24 Gleichbehandlungsgesetz (GlBG)

Liebe anonyme Verfasserin Gerda*!

Da schaltet man seit Monaten in unzähligen Tageszeitungen und beim AMS ohne wesentliche Reaktion in einer akuten Mitarbeiter-Notlage sogar hier auf Facebook. Okay, die kurzfristig und hastig von meiner Mitarbeiterin entworfene Facebook-Einschaltung enthält keine „Überzahlung laut KV selbstverständlich möglich". Warum auch? JEDER unserer 50 Mitarbeiter ist selbstverständlich ÜBER KV-Lohn entlohnt!!!

HIMMELKREUZ-KRUZIFIXNUAMOI ...

... jetzt wird das der Arbeiterkammer, der Wirtschaftskammer, dem Magistrat und der Kronen Zeitung wie bei der Stasi gemeldet ... mit einer Aufforderung, eine angemessene Geldstrafe zu verhängen!!!

Haben wir keine anderen Probleme?

Gerda* hat sich übrigens nicht mehr gemeldet. Vielleicht hat sie jetzt ein anderes Betätigungsfeld gefunden, vielleicht hat sie die Lust am Vernadern verloren. Für mich geht die Story aber weiter. Denn bei einem weiteren derartigen „Vergehen" ist mir eine ordentliche Geldstrafe sicher.

Gemeinsam kämpfen

*„Nicht immer sind nur die Flüchtlinge schuld, … wenn man sich zum Beispiel mit den starken Meinungsbildnern der „Wirtszunft" anlegt, darf man sich nicht wundern, wenn man tausende Stimmen und Wahlen verliert!"**

Zugegeben: Nicht immer war der Fronteinsatz von uns Gastronomen von Erfolg gekrönt, viele der aktuellen Belastungen konnten wir nicht verhindern. Inzwischen denkt man aber zweimal nach, bevor man sich mit den Letzten unserer Branche anlegt. Dies ist auch ein Grund dafür, warum ich als Nomade durchs Land ziehe und versuche, mit den mir zur Verfügung stehenden Mitteln Missstände aufzuzeigen.

Klar ist: Es muss sich etwas ändern in unserem Dienstleistungsgewerbe. Aus meiner Sicht liegt die Lösung aber nicht nur bei der Politik, sondern zuallererst bei den Wirten selbst; bei unseren Mitarbeitern und Lieferanten. Zusammenhalt ist gefragt, um gemeinsam für das Überleben einer der schönsten Berufszweige der Welt zu kämpfen. Und sich damit auch dafür einzusetzen, dass wir die regionale Kultur, die österreichische Gastfreundschaft, den vertrauten heimischen Genuss und ein ganz besonderes Stück Österreich nicht endgültig verlieren!

Gewonnen hätten wir, wenn wir es schaffen, unsere Gedanken und Ziele auch unseren wichtigsten Verbündeten zu vermitteln, vor denen sogar die höchsten Politiker zittern: unseren Gästen!

* Begründung eines Politik-Analysten für Stimmenverluste einer Partei. (ZIB 2, 2016)

„Ich hol mir, was mir zusteht!"

Endlich sagt es einer! Ich hol mir, was mir zusteht. Ich hol mir, was mir dieser Staat während der ganzen Jahre meines Berufslebens weggenommen hat, ohne mir dafür etwas zu geben. Ich habe Millionen an Steuern bezahlt bzw. einkassiert und abgeführt. Ich habe ständig mehr als sechzig hochkarätige Arbeitsplätze geschaffen, auch für meine Angestellten immer brav alle Abgaben geleistet. Auch das waren Millionen. Und ich habe meine Pensionsbeiträge bezahlt und darf jetzt für meine Pension, die ich mir selber angespart habe, noch einmal Einkommensteuer zahlen.

Jetzt hol ich mir aber, was mir zusteht! Schön wär's, spielt's aber leider nicht. Denn das Geld ist weg. Meine Millionen sind verschwunden, die meiner Mitarbeiter auch. Dieses Geld hat mein Staat verjuxt, es Leuten in den Rachen geschoben, die dafür nichts geleistet haben, oder es ganz einfach in den Untiefen völlig unnötiger Verwaltungsapparate versenkt und an Schmarotzer ausgeteilt. Österreich ertrinkt in seinen Schulden, für die wir und unsere Kinder irgendwann bluten müssen. Ach ja, und nach Brüssel ist auch einiges geschickt worden. Nettozahler sind wir ja, das heißt, dass wir weniger zurückbekommen als wir dort einzahlen.

Unsere Infrastruktur ist am Hund und was man baut, müssen wir neben unseren Steuern nochmals extra bezahlen. Autobahnpickerl zum Beispiel, denn die Autobahn habe ich mit meiner Kfz-Steuer und mit meiner Mineralölsteuer schon mehr als hundertmal finanziert.

Unsere Sicherheit gibt es nicht mehr. Das Bundesheer ist weitgehend ruiniert, die Polizei pfeift auf dem letzten Loch und darf gegen Straftäter nichts unternehmen. Und von der Justiz schreibe ich lieber nichts, sonst stehe ich wieder vor dem Kadi oder der Kadin, was, wie man weiß, weit schlimmer ist.

Und jetzt kommt einer daher und sagt, ich möge mir holen, was mir zusteht. Eine Verhöhnung. Die Nadelstreif-Bonzen würden schön schauen, käme ich wirklich auf diese Idee. Aber dieser Slogan galt ja nur für die, die am 15. Oktober wieder brav wählen sollten. Und zwar die, die ihnen das Blaue vom Himmel versprechen; zum Beispiel, dass sie sich irgendetwas „holen können"! Es steht uns zu, stimmt schon, aber zu holen, zu holen ist schon lange nichts mehr.

Nicht einmal mehr das Recht der freien Rede, das Recht der Meinungsfreiheit, die Pressefreiheit. Denn diese Rechte werden auch schon mehr und mehr beschnitten in unserem Land, wo ich mir nur mehr holen darf, was mir einige Politiker „erlauben".

Liebe österreichische Regierung!

Nun treten auch unsere Gastrobetriebe – wie von Ihnen gesetzlich mit 1. April 2017 verordnet – ordnungsgemäß mit QR-Code auf!
Unser Anbieter konnte aufgrund enormer Überlastung und Mangel an Mitarbeitern das neue Kassensystem in meinem Lokal Josef erst nach langer Wartezeit installieren. Vernichtend die Aussage dieses Unternehmens: „Rund tausend unserer Kunden warten auf die Nachrüstung so lange wie Sie oder noch länger!"

Erinnern Sie sich noch an die Aussage eines ehemaligen Vizekanzlers und Wirtschaftsministers? „Die Nachrüstung kostet nicht mehr als € 200,–!" Wieso zahlen wir (bzw. unsere Gäste in Form von höheren Preisen) dann allein für die Umrüstung im Josef € 20.000,–?

Bald nach der Einführung des neuen Systems gab es einen Totalausfall. Bei vollem Haus! Argument des Programmierers: „Na ja, ist noch nicht ganz ausgereift." – Er wird schon recht haben, aber für mich bedeutet das: Verluste! Hallo, liebe Regierung: Gesetze sollte man erst dann einführen, wenn die für die Erfüllung notwendige Infrastruktur auch eingerichtet ist. Wenn die erforderliche Hard- und Software nicht nur perfekt funktioniert, sondern auch in ausreichendem Maße lieferbar ist. Und nicht dann, wenn man mal wieder frisches Geld braucht! Denn dann ist Chaos vorprogrammiert und Entwickler, Systemanbieter und Wirte stehen als die Schuldigen da.

Abgesehen davon, dass wir jetzt eine Tonne mehr Papier benötigen, klingt die Abwicklung des neuen Systems schon sehr abenteuerlich: Der – gesetzlich vorgeschriebene – Bon geht digital vom Kellner zum Server des jeweiligen Betriebes. Von dort wird er zum Finanzamt-Speicherserver weitergeleitet, wo er seinen QR-Code erhält. Vom Finanzamt geht die lustige Bon-Reise wieder zurück zum Firmenserver, um schließlich wieder beim Kellner und danach beim Gast ihr Ziel zu erreichen. Geschafft! Sicher, das dauert nur ein paar Sekunden. Aber trotzdem eben fünfmal so lange wie zu jener Zeit, als es diese tolle Einrichtung noch nicht gab. Bei tausend Bons zum Beispiel bedeuten fünf Sekunden statt – wie früher – nur einer Sekunde 83 Minuten (!) zusätzlichen Zeitaufwand. Wer das zahlt? Sie, liebe Regierung, wohl sicher nicht!

Ihr
Günter Hager, Wirt

PS: Man hört, dass der ehemalige Vizekanzler und Wirtschaftsminister jetzt als Unternehmensberater arbeitet – hoffentlich nicht bei einem Software-unternehmen!

Nettogewinn: von 12,5 auf 1,4 Prozent

Bei meinem täglichen morgendlichen Mail-Check war mir eines von meiner Frau aufgefallen. Sie schrieb mir: *„Irgendetwas machen wir falsch, wir setzten vier Millionen Euro um, aber wenn ich so wie jetzt im eher schwachen Sommer die Löhne unserer 56 Mitarbeiter zu zahlen habe, ist immer zu wenig Geld am Konto. Was soll ich machen?"*

Zum besseren Verständnis, meine Frau war früher auf einer Bank beschäftigt. Seit fast 25 Jahren ist sie die absolut starke Stütze im Büro. Alles was mit Mitarbeitern, Banken, Rechnungen usw. zu tun hat, ist ihr Aufgabenbereich. Mich kontaktiert sie nur, wenn ein Kunde seine Rechnung nicht bezahlen kann. Oder wenn es – wie im Mail beschrieben – einmal bei uns mit dem Zahlen eng wurde.

Nun gut, die Situation war nichts Neues, irgendwie haben wir es immer geschafft, und es würde auch dieses Mal funktionieren. Doch waren noch einige Etappen zu überwinden: schlaflose Nächte, Streit über die verschiedenen Varianten der Unternehmenszukunft, Vorwürfe über „unnötige" Ausgaben und falsche Kalkulationen, Vermutungen zu möglichem Diebstahl und zu guter Letzt noch gesundheitliche Folgen von Kummerfalten und Magengeschwüren bis zu Herz- und Schlaganfällen. (Wirte und Wirtinnen liegen hier in der Statistik ganz weit vorne.) Hunderte Male checkten wir unsere Zahlen, investierten zehntausende Euros in Unternehmensberater, Steuerberater und sonstige Gastrospezialisten – wir wollten unbedingt wissen, wo der Wurm steckt und was schuld an den fehlenden Gewinnen war. Und bald mussten wir ein Faktum anerkennen: Eine Steigerung unseres Betriebsergebnisses lag schon lange nicht mehr in unseren Händen! Denn ein Dreh- und Angelpunkt waren die Mitarbeiterkosten, und es ist in einer Dienstleistungsbranche schlicht und ergreifend unmöglich, bei den Mitarbeitern ohne Qualitätsverlust einzusparen. Noch dazu, wo die Mitarbeiterkosten in den letzten Jahren um mehr als zehn Prozent gestiegen waren! Geringerer Wareneinsatz wäre der nächste Ansatz gewesen. Doch ohne Qualitätsverlust wäre auch das nicht möglich gewesen. Also kam auch das für uns nicht infrage.

Jetzt blieb nur mehr der Posten „Verwaltung" oder „Betriebskosten" übrig. Der war in den letzten Jahren auch um mehr als zehn Prozent gestiegen. Beim Durchforsten dieser Kosten war die Ursache schnell zu erkennen – alles war immer komplizierter geworden: gesetzlich angeordnete Wartungen, gesetzliche Vorschreibungen für Sicherheitsmaßnahmen, neue Brandschutzverordnungen, jährliche Evaluierung der Mitarbeiter zum Beispiel zur Vorbeugung von Burn-out, Protokollieren von Hygiene- und Sicherheitschecks, Verfassen von Mitarbeiteraufzeichnungen und von Meldungen an Finanzamt, Gebietskrankenkasse, Magistrat und sonstige Behörden.

Unsere Mitarbeiter, so gut wie alle sehr praxisorientiert und meist der deutschen Sprache nicht mächtig, lehnten es strikt ab, einen der Kurse zu besuchen. Also blieb es schlussendlich an den Führungskräften und Familienmitgliedern hängen, die gesetzlich vorgeschriebenen Kurse namens „Brandwart", „Sicherheitsvertrauensperson", „Lehrlingsausbildner" oder „Allergie-Verordnungen" zu absolvieren. Dass diese Kräfte dann im Betrieb fehlten, leuchtet ein. Aber „schwänzen" wollten wir die Weiterbildung auf keinen Fall, denn Fehler oder Ungereimtheiten wurden inzwischen hart bestraft. So mancher Kriminelle würde sich seine Schandtaten dreimal überlegen, wären die Strafen in seinem Bereich ähnlich hart wie für Übertreter des Gewerberechts.

Fakt ist, dass es schon lange nicht mehr in den Händen eines engagierten Unternehmers liegt, diese Bürokratie zu vereinfachen. Es hat den Anschein, als ob sich die Kontrollorgane, Beamten, Politiker, ja sogar so manche Funktionäre mit ihren immer wieder neuen Verordnungen in erster Linie die eigenen Arbeitsplätze schaffen bzw. sichern wollen.

Auf jedes noch so kleine Vergehen folgt sofort eine von Möchtegern-Spezialisten fabrizierte Lawine von Anlassgesetzgebungen, die ähnliche Vergehen in Zukunft verhindern sollen. Menschen, die ihre Berufsausbildung nach langjähriger Fachschulausbildung und Praxis meistens auch noch mit Meister- und Unternehmensprüfung oder akademischen Titeln absolviert haben, werden dabei selten mit einbezogen. Nein, sie werden vor vollendete Tatsachen gestellt! Die Umsetzung so mancher unverständlicher Auflagen verteuert seit Jahren die Gastronomiepreise für unsere Gäste und Kunden. Die Folge: Die ohnedies kargen Gewinne werden am Ende des Tages aufgefressen.

Ich wollte es genau wissen und ersuchte einen meiner langjährigen Gäste, Professor Friedrich Schneider (Johannes Kepler Universität, Institut für Volkswirtschaftslehre), eine Studie zu erstellen, die meine Fragen beantworten und meine Ahnungen, wo der Weg in der Gastro hingehen könnte, überprüfen sollte. Mein Auftrag an den Universitätsprofessor lautete: *„Berechnen Sie die Entwicklung der Gewinne in der klassischen österreichischen Dienstleistungs-Gastronomie von 2006–2016."* Keine leichte und auch keine billige Aufgabe. Bereits die Recherche nach Daten, Ziffern und Unterlagen für die Studie entwickelte sich als besonders schwierig. Der erste Weg führte – logisch – zu unserer Unternehmervertretung in der österreichischen Wirtschaftskammer, der Abteilung Fachgruppe Gastronomie und Hotellerie.

Die telefonische Anfrage um die Preisentwicklung in den letzten 10 Jahren von typisch österreichischen Gerichten wie Bier, Kaffee, Wiener Schnitzel und Apfelstrudel wurde mit folgender Antwort abgelehnt: *„Leider, die haben wir nicht. Wir ersuchen schon seit Jahren die Bundeswirtschaftskammer, diese Statistiken bereitzustellen, aber sorry, wir bekommen die Zahlen nicht."* – *„Wenn man keine Infos für Studien herausgibt, braucht man auch keine Angst zu haben, sich später für den vielleicht negativen Ausgang der Studie rechtfertigen zu müssen"*, meinte Prof. Schneider, für den diese Auskunftsverweigerung nichts Neues zu sein schien.

Eine Branche, die im Begriff ist, auszusterben, und eine Unternehmervertretung, die nicht weiß, wie es um die Gewinne oder Verluste ihrer eigenen Mitglieder bestellt ist! Und das, obwohl diese Standesvertreter Kollektivverhandlungen mit Mitarbeitervertretungen führen und so mitentscheiden, welche Ausgaben ihre Mitglieder für Steuern und Grundlöhne in Zukunft tätigen müssen. Aber Hallo! Da fällt mir ein schöner Leitsatz des legendären Motivationstrainers und Zukunftsforschers Matthias Horx ein, den ich einmal vor langer Zeit bei einem Seminar gehört habe: „Wenn ich nicht weiß, wohin ich will, darf ich mich nicht wundern, wenn ich ganz woanders ankomme." Zu diesem Seminar waren scheinbar keine Interessenvertretung eingeladen ...

Fündig wurden wir schließlich nach langen Recherchen bei einigen Kollegen in ganz Österreich. Sie hatten über Jahre ihre Speisen- und Getränkekarten archiviert. Ich ersuchte Steuerberater und Gastrojournalisten, in ihren persönlichen Archiven zu suchen, und brachte schlussendlich eine meiner Meinung nach respektable Auswahl an Infos für die Berechnung zustande. Ich will es kurz machen und auf den Punkt bringen:

Von 2006 bis 2016 hat sich der Gastronomiebesuch für unseren Gast um rund 25 Prozent verteuert! Die Nettogewinne sind in der selben Zeit von durchschnittlich 12,5 Prozent auf erschreckende 1,4 Prozent abgestürzt.

Fakt ist, dass in einem Zeitraum von zehn Jahren keine Möglichkeit gefunden wurde, eine Gewinnstabilisierung und schon gar nicht eine Erhöhung der notwendigen Gewinne für den Unternehmer selbst vorzunehmen. Bedenkt man, dass man um das Jahr 2006 bei den Banken noch 10 bis 12 Prozent Zinsen für Kredite zahlen musste, und diese mittlerweile auf unter zwei Prozent gefallen sind, müsste sich auch das positiv auf den Gewinn auswirken. Leider war auch dies nicht der Fall. Sofort begannen wir mit der Analyse dieser Studie: Der Wareneinsatz von rund 30 Prozent hat sich in dieser Zeit nicht maßgeblich verändert. Durch maschinelle Arbeitsabläufe, rationa-

Entwicklung der Gewinne in der Gastronomie von 2006 bis 2016.

lisierte, wirtschaftlich ertragreichere Produktionen war es gelungen, Qualität zu verbessern und Kosten zu stabilisieren.

Die Betriebskosten oder Verwaltungskosten, vor 10 Jahren ursprünglich mit einem Durchschnittswert von 12 Prozent angenommen, hatten sich fast verdoppelt. Hier hatten unsere Bürokraten so richtig zugeschlagen! Eine Kostenexplosion von 8 bis 10 Prozent, für Kleinbetriebe nicht zu beeinflussen, war die Folge. Nur Gastrokonzernen und Systemgastronomieketten war es gelungen, die Chance auf Gewinnstabilisierung bzw. -verbesserung zu nutzen: Eine größere Anzahl von Betrieben, ein Büro, schlanke Verwaltung, ein gemeinsames Reservierungsbüro, gemeinsamer Einkauf, landesweit gleiche Gerichte usw. ... alles Möglichkeiten, um die Verwaltungskosten zu reduzieren! Aber: Wie sollte der kleine Wirt am Land rationalisieren? Für ihn wurde nur der Arbeitsaufwand größer, noch mehr Druck, jede noch so kleine Ungereimtheit konnte in einer drohenden Kostenexplosion enorm enden. Dies alleine war schon der Grund, warum viele kleinstrukturierte Gastwirte, wenn irgendwie möglich, das Handtuch warfen. Für viele war aber auch das aufgrund der hohen Schuldenlast nicht umzusetzen. Ein schneller Tod anstatt langen Leidens war für so manchen Gastrokollegen vorprogrammiert.

Die Lohnkostenexplosion war der letzte Todesstoß für die so Dienstleistungs-intensive Gastronomie. Die ist vor allem für die langjährigen treuen

Mitarbeiter schlimm, weil diese aufgrund dieser ungelösten „Rezession" keine merkbaren Erhöhungen in den letzten Jahren auf ihrem Lohnkonto feststellen konnten. Also: Wenn die Studie stimmt und auch der Gastwirt innerhalb von zehn Jahren eine massive Reduktion des Gewinnes von mehr als 12,5 Prozent auf 1,4 Prozent erfahren musste, dann stellt sich die Frage: *Wo sind die verlorengegangenen Gewinne hin und wer hat die fast 25-prozentige Preiserhöhung für unsere Gäste eingesteckt?*

Lange Gesichter – wir prüften immer wieder die Unterlagen der Studie, wir ahnten bereits, was sich schließlich als beinharte Realität herausstellte: Vater Staat, die Regierung der letzten zehn Jahre, unsere angeblich so sorgsamen politischen Vertreter, Funktionäre, Beamte, Behörden und schlussendlich die Verwaltung der Europäischen Union – sie alle hatten durch ihre permanenten Auflagen und Gesetzeswellen eine derartige Kostenflut produziert! Wie ein nimmersatter Moloch hatten sie all die Gewinne aufgefressen, mit denen man in neue, bessere Strukturen hätte investieren können.

Doch damit nicht genug: Arbeitnehmervertretungen spielen uns permanent gegeneinander aus, werfen uns vor, Mitarbeiter zu gering zu bezahlen, schlechte Arbeitsbedingungen zu bieten. Sie belasten uns mit einer nie dagewesenen Arbeitszeitbürokratie, die vielleicht von international tätigen Industriebetrieben zu schaffen ist, vergessen dabei aber, zu erwähnen, dass in den gleichen zehn Jahren die Lohnkosten von 32 Prozent auf über 40 Prozent gestiegen sind. Bei einer Lohnerhöhung von € 1,– in einer eher durchschnittlichen Lohnklasse frisst der Staat ganze 64% des Bruttogehaltes des Mitarbeiters.

Der Unternehmer zahlt also viel mehr an Lohnkosten, aber beim Mitarbeiter kommt nichts an. Wie geht das? Auch hier war die Erklärung schnell gefunden: Seit Jahren waren die Sozialabgaben ständig gestiegen, die Progression war nicht bekämpft worden. Anstatt sich mit diesem Kostenmonster zu beschäftigen und es zu hinterfragen, heizt man lieber das Misstrauen zwischen Mitarbeitern und Arbeitgebern an. Diese Aufwiegelung würde nicht mehr funktionieren, wenn beide Seiten erkennen, dass die Untätigkeit der Politiker und das Schweigen mancher Standesvertreter mit schuld an der schlechten Arbeitsmoral in der Gastronomie sind. So wird auch klar, dass es für manche Vertretungen ein Überlebensthema ist, gewisse Informationen für beide Seiten zurückzuhalten. Alleine die Pflichtmitgliedschaft würde sofort infrage gestellt. Schon vor Jahren habe ich meine Funktionen als Betriebsratsobmann und als Kammerfunktionär aufgegeben. In keiner dieser Funktionen könnte ich heute mein zweites Buch *FUCKING GASTRO RELOADED* verfassen.

Die einzige Chance, seinen Unmut aufzuzeigen, sind Wahlen. Vorausgesetzt, man erkennt im Dschungel der Bürokratie die Wurzeln der tatsächlichen Probleme …

Rauchertisch: Im Namen des Gesetzes

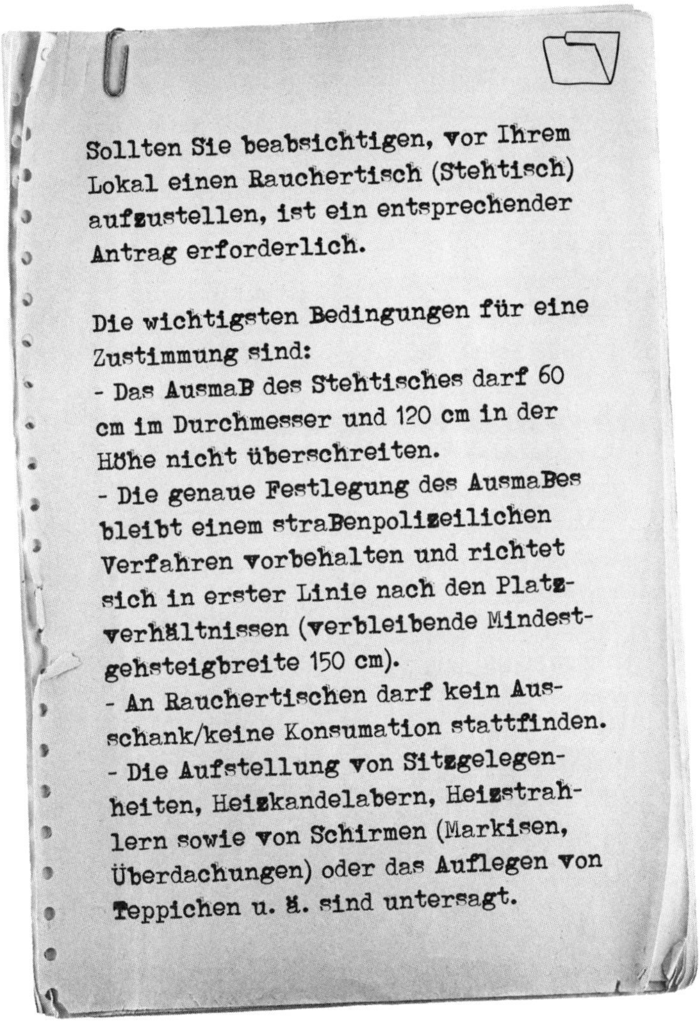

Sollten Sie beabsichtigen, vor Ihrem Lokal einen Rauchertisch (Stehtisch) aufzustellen, ist ein entsprechender Antrag erforderlich.

Die wichtigsten Bedingungen für eine Zustimmung sind:
- Das Ausmaß des Stehtisches darf 60 cm im Durchmesser und 120 cm in der Höhe nicht überschreiten.
- Die genaue Festlegung des Ausmaßes bleibt einem straßenpolizeilichen Verfahren vorbehalten und richtet sich in erster Linie nach den Platzverhältnissen (verbleibende Mindestgehsteigbreite 150 cm).
- An Rauchertischen darf kein Ausschank/keine Konsumation stattfinden.
- Die Aufstellung von Sitzgelegenheiten, Heizkandelabern, Heizstrahlern sowie von Schirmen (Markisen, Überdachungen) oder das Auflegen von Teppichen u. ä. sind untersagt.

- Werbung auf oder neben Rauchertischen sowie das Aufstellen von A-Ständern oder ähnlicher Werbeträger ist unzulässig.
- Rauchertische sind nur während der Betriebszeit zulässig. Außerhalb der Betriebszeiten ist der Rauchertisch vom öffentlichen Gut zu entfernen.
- Der Rauchertisch ist während der bewilligten Schanigartensaison innerhalb der bewilligten Schanigartenfläche aufzustellen.
- Für die Benützung des öffentlichen Gutes ist gemäß Tarifpost 24 der Tarifordnung für die über den Gemeingebrauch hinausgehende Benützung ein Entgelt zu leisten.

Originaltext, Autor: Magistrat Linz 2016

Rausschmiss vom „Wut-Wirt"

Ja, es rauchte ... äh ... rauschte kräftig in den Zeitungswäldern, als ich vor einiger Zeit von meinem Gastgeberrecht als Wirt Gebrauch machte: Ich verwies einen weit und breit bekannten und berüchtigten Rauchersheriff des Lokals und riet ihm darüber hinaus auch von weiteren Besuchen dringendst ab.

Aber hören Sie mal die Geschichte von jemandem, der dabei war und genau weiß, wie sie sich zugetragen hat. Nämlich von mir :)

Ein lauer Sommerabend in meinem gut gefüllten Linzer Lokal *Josef*. Ein Gast spricht mich darauf an, dass an unserer Bar einer der bekanntesten Nichtraucheraktivisten Bayerns steht und dort lautstark seine Thesen verkündet. Noch dazu an der Bar, also genau dort, wo ich für die letzten Zigarren-Aficionados dieses Planeten ein kleines Refugium geschaffen habe! Bevor man sich jetzt das *Josef* als „Räucherkammerl" vorstellt, eine wichtige Ergänzung: 73 Prozent der insgesamt 1.500 m² Betriebsfläche meines Restaurants haben wir für Nichtraucher reserviert. Wir liegen damit weit über der gesetzlichen Vorgabe von 51 Prozent. Nicht zu vergessen, unsere zusätzlichen 300 Sitzplätze im Gastgarten! Dass diese Nichtraucherräume immer diejenigen sind, die am längsten unbesetzt bleiben, möchte ich an dieser Stelle nicht unerwähnt lassen. Es ist scheinbar halt doch noch immer dort lustiger und gemütlicher, wo geraucht wird.

Zurück zu dem Sheriff aller Sheriffs, dem Rauchermarshall sozusagen. Ich gebe es zu: Ich hatte schon viel von diesem Typen gehört, und mir war er ein Dorn im Auge. Mit Schimpf und Schande hatte man ihn aus den Restaurants und Biergärten Bayerns gejagt. So mancher forsche bayrische Wirtskollege hatte dem übereifrigen Herrn jene schwungvolle Handbewegung angedroht, die man auf beiden Seiten der Landesgrenze als „Watschen" bezeichnet. So stand es in deutschen Blättern zu lesen und deshalb konnte ich auch gar nicht anders, als dem Typen unsere Gastfreundschaft zu entziehen. Schon allein aus Solidarität mit meinen bayrischen Wirtshauskollegen!

Seine eigens gegründete „Nichtraucherpartei" hatte er im Passauer Stadtsenat aus Mangel an Unterstützern an den Nagel gehängt und in Linz um politisches – rauchfreies? – Asyl angesucht. Wohl nicht ganz ohne Mithilfe eines Passauer Kollegen, der – wie klein die Welt doch ist – als Tourismusdirektor von Linz tätig ist. Betätigung fand der Heimatsuchende Rauchermarshall als Tourguide, ohne dass jemand dabei auf die von Beginn an herrschende Verärgerung unter den Mitgliedern (immerhin rund 1.200 davon Gastronomen!) nahm.

Die Gastro-Unternehmer von Linz waren zu sehr mit dem Überlebenskampf ihrer Betriebe beschäftigt, um sich in touristischen Gremien gegen diesen Affront zu stellen. Verständlich, aber auch folgenschwer, denn obwohl die Kunde von seinen „Schandtaten" für die Gastronomie bereits in aller Munde war, machte man den Mann nicht nur zum

Linz-Guide, sondern bot ihm auch noch einen politischen Posten an! Man meinte wohl, so bei der bevorstehenden Kammerwahl zusätzliche Wählerstimmen zu lukrieren.

Massiver Ärger war vorprogrammiert. Denn irgendwann einmal musste der Tourguide ja mit seinen „Schäfchen" eine gastronomische Einrichtung betreten. Und weil man internationale Linz-Besucher nicht in eine systemgastronomische Allerweltsbude führen kann, die zwischen Oslo und Athen gleich aussieht, sucht man sich die letzten verbliebenen authentischen Betriebe der Stadt aus. Also nur mehr eine Frage der Zeit, bis Mister Antiraucher im *Josef* landen würde. Die Lunte brannte wie eine Cohiba Pirámides Extra …

Zurück zum fremdenführenden Rauchhasser: Die Tourgäste des Herrn hatten ihr kleines Bier geleert und waren im Begriff, das *Josef* zu verlassen. Das war meine Gelegenheit! Ich bat den unermüdlichsten unter den Rauchersheriffs zur Seite und fragte – um ganz sicherzugehen – nach seinem Namen. Mit einem Grinsen nannte er ihn, und ich konnte ihm nun ohne Zweifel mitteilen, dass ich nicht gewillt wäre, ihm meine Gastfreundschaft zu schenken. Völlig egal, ob und wie viele Biere er bezahle: Er möge das Lokal verlassen und in Zukunft einen großen Bogen darum machen. Schon allein wegen der frischen Luft, die ja außerhalb meines *Josef* vorherrschen würde. Zugegeben: Ich war vielleicht nicht ganz so freundlich wie sonst zu meinen Gästen. Aber: Der Mann hatte Wirte ruiniert, hat Arbeitsplätze zerstört! Ich empfand ihn deshalb auch nicht als meinen Gast. Ich schmiss ihn raus! Und bevor jetzt die Frage auftaucht, gleich die Antwort: Ja, ich darf das! Mein *Josef* ist ein privater Gewerbebetrieb und als Inhaber genieße ich das Hausrecht. *Ich* entscheide also, wer mein Gast ist und wer nicht. Und ich entscheide auch, ob jemand mein Haus verlassen muss. Herr Rauchersheriff kann stolz darauf sein, dass er die erste Person im *Josef* war, bei der ich zu diesem extremen Mittel griff.

Doch auch militanten Nichtrauchern ist es offensichtlich möglich, jede Menge heiße Luft zu erzeugen: Denn der Herr ließ ein endloses Geschwafel über Demokratie und gesundes Leben vom Stapel. Zu stoppen war er nur durch meine deutliche Ankündigung, ihn persönlich an die – von ihm so hochgeschätzte – frische Luft zu setzen. Schließlich verstummte er, machte kehrt und verließ die Stätte des von ihm so verteufelten Rauchgenusses.

Herr Marshall wäre kein ordentlicher Aktivist des 21. Jahrhunderts, wäre die Angelegenheit damit zu Ende gewesen. Jetzt musste die Allzweckwaffe Facebook ran: Der Nichtraucheraktivist berichtete auf seiner von tausenden deutschen Fanatikern gelikten Seite, und einer der größten Shitstorms, den meine doch recht heiß diskutierte Facebookseite je hatte, zog auf: 32.000 Aufrufe meiner Seite innerhalb von 24 Stunden! Meine gute Erziehung und mein Respekt vor dem Jugendschutz verbieten es mir, aus den Webkommentaren zu zitieren, die ich von den ach so menschenfreundlichen Nichtrauchergladiatoren erhielt. Die Bewertungsdienste von Facebook, Google, Tripadvisor usw. reagierten auf den Sturm an scheinbar unzufriedenen Wirtshausgästen, die sich in negativen Bewertungen über Wirt, Mitarbeiter, Essen und Servicequalität überboten. Innerhalb kürzester Zeit fielen meine stolzen Beliebtheitswerte auf der fünfstelligen Social-Media-Skala von 4,8 auf unter 3. Nur bei genauerem Hinsehen erkannte man, dass der Großteil deutsche Fans der besagten Rauchersheriff-Seite und sicher noch nie in Linz, geschweige denn in unserem Lokal zu Gast gewesen waren.

In weiterer Folge kam der Umstand zum Tragen, dass nicht nur Wirtshäuser, sondern auch so manche Zeitung mit dem wirtschaftlichen Überleben kämpft und deshalb stark unterbesetzt ist. Statt langwierige und aufwendige Recherchen zu tätigen, werden Wichtigmacher-Postings zur einzigen Infoquelle. Das berühmte journalistische Sommerloch tat sein Übriges, und so wurde aus Frust eines Windmühlenkämpfers eine „tolle Story". Journalisten gingen im *Josef* ein und aus, Redakteure von TV-Anstalten gaben sich die *Josef*-Türklinken in die Hand, der Rauchersheriff nahm per Videoeinschaltung an Sendungen teil. Ja, wir schafften es sogar auf die Titelseiten so mancher österreichischen Boulevardzeitung.

Die Ablehnung kam aber nur von einer Seite. Denn ich möchte nicht unerwähnt lassen, dass ich für meine Gäste – und nicht nur für die – zum absoluten Hero wurde. Raucher und Nichtraucher verteidigten mich heldenhaft. Mit dem angenehmen Nebeneffekt, dass das *Josef* in den Tagen nach dem Aktivistensturm mehr als voll war. Selten haben mich auf meinen Wegen durch die Stadt so viel Gäste von Weitem gegrüßt, angesprochen oder einfach den Daumen nach oben gehalten. In hunderten Mails und SMS bestätigten mich die Menschen in meiner Reaktion. Man freute sich schlicht und einfach, dass es noch Wirte gibt, die für den Genuss und die Rechte ihrer Gäste kämpfen. Selbst wenn sich das erfolglose Ende dieses Kampfes bereits abzeichnet!

Nachtrag: Der Nichtraucheraktivist hatte im Rausch seiner Posting-Aktivitäten auch gleich noch eine rassistische Bemerkung angebracht und muss sich dafür jetzt auch noch mit einer Anzeige eines Wiener Juristen auseinandersetzen.

Riesen-Wirbel: Wut-Wirt schmeißt Touristen raus

Eklat in Linz. Ein Wirt schmiss eine ganze Touristengruppe aus seinem Lokal. Grund: Bei der Gruppe war ein Bayer dabei, der sich fürs Nichtrauchen einsetzt.

Und hier noch meine Antwort, die ich auf diverse Zeitungsartikel schrieb, in denen ich als „Touristen-Rausschmeißer" bezeichnet wurde:

Gerne möchte ich hier etwas zu der Causa F. klarstellen! Ich habe nie und nimmer eine Reisegruppe aus unserem Wirtshaus rausgeschmissen! Dazu gibt es ausreichend Zeugen! Die Gruppe von Herrn F. war bereits im Begriff zu gehen, diesen Moment habe ich abgewartet und Herrn F. dann gebeten, unser Lokal aus verständlichen Gründen nicht mehr zu betreten! Die letzte Freiheit, die uns Wirten noch bleibt, ist, nur jenen Gästen unsere Gastfreundschaft zu schenken, die sie verdienen, das sind erfreulicherweise 99,9%! Denunzianten und permanente geschäftsschädigende Nichtraucheraktivisten, die unserer Branche Schaden zufügen, gehören nicht dazu. Diese letzte Freiheit nehme ich mir als österreichischer Wirt!

Baustopp! Für zwei Jahre.

Günter Hager

Endlich hatten die Verpächter meines Lokals *Josef* in Linz den Entschluss gefasst, auf dem an die Gaststätte angrenzenden Schotterparkplatz-Grund eine Tiefgarage zu bauen. War auch schon dringend notwendig! Anschließend plante man, auf der Garage einen neuen Saal für unser Veranstaltungscenter zu errichten. Davor sollten allerdings ein Hotel, ein Park und auch mein Gastgarten der neuen Tiefgarage weichen, um danach in neuem Glanz zu erstrahlen. Eine Jahrhundertchance, unseren altehrwürdigen, schon etwas in die Jahre gekommenen Gemäuern ein neues Gesamtkonzept und damit auch neues Leben zu schenken.

Armeen von Gutachtern, Behördenvertretern, Umweltschutzbeamten und Anrainern wurden eingeladen, sich an der spannenden Geburt eines neuen Stadtteils zu beteiligen. Begeisterung allerorts, denn jahrelang hatte man sich über den staubigen Hinterhof, der zum illegalen Abstellplatz mutiert war, geärgert. Endlich ging etwas weiter, jetzt würde alles anders, alles besser werden …

Stopp! Womit man nicht gerechnet hatte: mit einer neuen Nachbarin, die eben erst eine Wohnung gekauft hatte, die an die zukünftige Baustelle angrenzt. Schon im Vorfeld hatte mir ein Magistratsbeamter mit einem – mir damals noch unerklärlichen – Grinsen von der neuen Nachbarschaft erzählt und etwas von „stadtbekannt" und „Anrainerprozessen" gemurmelt.

Eine feindschaftlich gesinnte Juristin als Nachbarin zu haben, wünsche ich niemandem. Die Steigerung dieses Unglücks erfuhr ich jedoch, weil die Dame kurzzeitig auch noch eine Wohngemeinschaft mit einem Architekten einging. Eine im Umgang mit den Waffen des Gesetzes geübte Juristin und ein ihr im Kampf gegen unser Erneuerungsprojekt verbundener Hausplaner – na, mehr haben wir nicht gebraucht!

Gleich nach Bekanntmachung und Ausschreibung des Bauvorhabens nahm die neu zugezogene Anrainerin von ihrem demokratischen Recht der Beeinspruchung Gebrauch. Ausführlich! Die Folgen ließen nicht lange auf sich warten: Wie bei einer Drogenrazzia, ja, fast überfallsartig, stoppten eines frühen Morgens Beamte des Linzer Magistrats „im Auftrag des Gesetzes" die Bautätigkeiten. Riesige Bohrmaschinen, deren Transport zehntausende Euros gekostet hatte, wurden per Verordnung stillgelegt, verplombt und waren nicht mehr einsatzbereit. Allein von den Kosten für den Stillstand von Geräten und Bauarbeiten hätte man sich eine wunderschöne Villa bauen können.

Die Paarung „Juristin & Architekt" erwies sich als außerordentlich effizient: Heerscharen von Anwälten und Spezialisten bissen sich die Zähne an diesem „Duo infernal" aus. So auch bei einer von vielen Baustellenbegehungen. Ich hatte – um die beiden damit ein wenig abzukühlen – ein Filmteam der lokalen TV-Station engagiert. Doch weit gefehlt: Der eifrige

Architekt und Kurzzeit-Partner der kampfeslustigen Juristin entpuppte sich als verhinderter Actionfilm-Darsteller: Obwohl nur mit Schlapfen beschuht, hüpfte er geschickt von Bauloch zu Bauloch, begutachtete argwöhnisch jeden Winkel der Baustelle und leistete heldenhaften Widerstand, wo immer es ihm möglich war. Stets mit einem fragend-schmachtenden Blick zu seiner (Gesetzes-)Hüterin, ob das alles so auch in ihrem Sinne wäre. Der Film fand zwar nicht den Weg in die Kinos, die Einsätze des Duos reichten aber dafür, dass Wochen und Monate ohne Baufortschritte vergingen. Ein teures Gutachten folgte dem anderen. Noch immer hieß es: Baustopp! Insgesamt zwei ganze Jahre lang! Bis dann das Oberste Landesgericht die unzähligen Einsprüche ablehnte und – endlich – weitergebaut werden konnte!

Der entstandene wirtschaftliche Schaden war natürlich enorm: Das Wirtshaus *Josef* musste fast zwei Sommer auf den Biergarten und die daraus entstehenden Einnahmen verzichten. Der Umsatzeinbruch lag bei knapp 50 Prozent. Mehr als die Hälfte unserer wertvollen und langjährigen Mitarbeiter mussten wir entlassen. Ich wartete täglich auf den Konkursantrag unserer Hausbank. Als würde das „Duo infernal" nicht genügen, fiel dann mitten in der heißen Bauphase auch noch ein Kontrollorgan des Arbeitsinspektorats über uns her: Wir hatten unseren Biergarten, der ja so lange unfreiwillig geschlossen gewesen war, für einen provisorischen Betrieb eingerichtet. Und darauf stürzte sich der

„Staatsdiener" und beanstandete den Biergarten auf das Schlimmste. Nur der Hilfe eines befreundeten Gewerkschaftsfunktionärs habe ich es zu verdanken, dass unsere einzige sommerliche Verdienstmöglichkeit glücklicherweise doch nicht geschlossen wurde.

Der Verein, der mir dieses Pachtobjekt vermietet, verzeichnete durch den willkürlichen Baustopp in diesen drei Jahren Bauzeit Mehrkosten von einigen Millionen Euro. Fast hätte die Juristin dieses wunderbare Haus mit 120-jähriger Tradition in den Untergang getrieben. Meine persönliche finanzielle Situation wurde durch diese Affäre natürlich auch massiv beeinflusst: Ich hatte mit dem Verpächter vereinbart, die neu adaptierten gastronomischen Einrichtungen selbst zu bezahlen. Durch den Baustopp und die dadurch nötige Zwischenfinanzierung verdoppelte sich dieser Finanzierungsbedarf von den ursprünglich geplanten € 900.000,– auf knapp € 1,4 Millionen! Ein wahres Wunder, dass meine Sparkasse da mitgemacht hat. Ich bin ihr heute noch dafür dankbar. Allerdings: Die Dauer des Pachtvertrags war auf Basis einer Rückzahlung von € 900.000,– berechnet worden. Wir hätten das Geld zurückbezahlt und dann noch einige Jahre für unsere Pension dazuverdienen können. Jetzt aber muss ich in derselben Zeit € 1,4 Millionen anstatt € 900.000,– zurückzahlen. (Mein Pachtvertrag wurde leider trotz der Verteuerung nicht verlängert.) Ob ich es schaffe, diesen Schuldenberg noch vor dem Auslaufen des Pachtvertrages vollständig abzubauen, ist fraglich. Was meine Frau und mich aber antreibt, ist der unbedingte Wunsch, meinem Sohn ein schuldenfreies Unternehmen zu überlassen. Dafür lohnen sich die Mühe und der tägliche Kampf.

Zur Kasse, Schätzchen!

Sollte einmal einem österreichischen Kabarettisten der Stoff für sein Programm ausgehen, er müsste nur für einige Zeit in der Gastronomie arbeiten, und schon wäre er auf Jahre mit jeder Menge Inspiration versorgt. Alleine das Thema „Registrierkasse" könnte schon für einige fette Kabarettistenjahre reichen.

Aber zurück an den Anfang: Die heimliche Macht Österreichs, die Gewerkschaften, brauchte wieder mal ein Zuckerl für ihre Wähler. Schnell hatte man eines gefunden: eine fünf Milliarden teure, aus mühsam verdienten Steuergeldern finanzierte Lohnsteuerreform. Wer von den zwei Millionen österreichischen Arbeitern und Angestellten würde schon Nein sagen, wenn – einfach so – zusätzliche Euros am Lohnzettel in Aussicht gestellt werden? Doch es blieb bei der Aussicht, denn schon wenige Monate später fragten sich Herr und Frau Österreicher, wo denn ihr Anteil vom Riesenzuckerl geblieben wäre. Denn wie das Amen im Gebet folgten nach der Ausschüttung dieser riesigen Summe an Steuergeldern diverse unvermeidliche Preiserhöhungen.

So ist es doch mit jedem noch so kleinen Steuergeschenk der großzügigen Parteien: Am Ende zahlt sich der Empfänger sein Geschenk selber. Nämlich in Form von steigenden Preisen! Aber diese Preissteigerung wird dann meist nicht mehr mit den großzügigen Milliardengeschenken zuvor in Verbindung gebracht.

Ja und außerdem glaubte man, noch auf eine weitere ewig und reichlich sprudelnde Geldquelle gestoßen zu sein – auf die Sparschweine der Millionäre. Eine Millionärssteuer muss her! Das Dumme an der Sache stellte sich rasch heraus: Die prall gefüllten Sparschweine der Millionäre waren nicht so leicht zu schlachten. Millionäre sind nämlich recht geschickt im Umgang mit Geld, sonst wären sie ja auch keine Millionäre geworden! Also wehrten sie sich sehr erfolgreich und mit massiver Unterstützung so mancher Politiker, Parteien und Lobbyisten.

„Zu dumm, nix zu holen bei den Millionären!", ärgerte man sich in der Regierung. Um sich aber gleich darauf unverzagt auf die nächste Gruppe zu stürzen, bei der man Reichtümer vermutete: die Wirte! Monatelange Sichtungen von Computer-Statistiken und Bilanzen hatten die Hoffnung genährt, dass es bei den Wirten und Restaurantbetreibern noch eine Menge zu holen gäbe. Hochrechnungen von sogenannten Finanzexperten ergaben die kühne Prognose, dass durch ein beherzt exekutiertes Betrugsbekämpfungsgesetz in dieser Berufsgruppe noch ein Betrag von fantastischen 900 Millionen Euro jährlich zu holen wäre. Wie man darauf kam? Na ja, zum einen wurde in Österreich viel zu viel an Bier, Wein, Spirituosen und Lebensmitteln produziert und viel zu wenig versteuert. Zum anderen war es doch eh klar, dass die Wirte … man weiß das doch … schließlich mache das doch ein jeder … also außer dem Herrn Minister natürlich. Husch-Pfusch wurde ein Gesetz von einem Finanzminister verabschiedet, der sonst bei so gut wie jedem Anlass verkündet, dass Österreich gar kein Einnahmeproblem, sondern ein Ausgabeproblem habe.

Die Registrierkassenverordnung schrieb vor, dass ab Jänner 2017 jeder Unternehmer eine Registrierkasse einsetzen muss. Anfänglichen Bedenken vieler Spezialisten, dass die Anschaffung für so manchen kleinen Betrieb zu kostenintensiv sei und die Industrie mit der Produktion der zehntausenden Kassen nicht nachkommen würde, erklärten Wirtschafts- und Finanzminister eine klare Abfuhr. Die müssen es ja wissen! Schon um € 200,– würde man eine brauchbare Kassa bekommen, hörte man vom damaligen Vizekanzler und Wirtschaftsminister und beugte sich ehrfürchtig der betriebswirtschaftlichen und unternehmerischen Erfahrung des Berufspolitikers. Aus dem Munde des Hobbywinzers und Finanzministers kam es ein wenig rüder: „Wer sich diese Kassen nicht leisten kann, würde wohl auch als Unternehmer nicht in der Lage sein zu bestehen." Auch eine Art, Volksnähe zu zeigen.

Die Politik und ihre Beamten legten ein bisher kaum gekanntes Tempo an den Tag, um dieses Gesetz so rasch wie möglich zum Einsatz zu bringen. Während brennende Themen wie Steuerreform, Schulreform, Gesundheitsreform, Krankenkassenreformen und – ach ja – Beamtenreform unter ewigem Eis liegen, war es ein Leichtes, die leider nicht existierende Phalanx der Gastro-Branche zu zerbrechen und in Windeseile eine vermeintliche Quelle für das fehlende Geld zur Lohnsteuerreform zu finden.

Die Registrierkassenverordnung für die Gastronomie trat in Kraft. Sie war in einer für österreichische Beamte eher unüblichen Geschwindigkeit durchgezogen worden. Zitternd vor freudiger Erwartung eines warmen Geldregens legte sich die Finanz auf die Lauer. Schon im ersten Jahr dieses Gesetzes musste man sich jedoch eingestehen, dass man von dem scheinbar verbrecherischen Klan der Gastwirte nur 150 bis 200 Millionen an zusätzlichen Steuergeldern einbringen konnte. Also rund 20 Prozent der Summe, die man Wirten pauschal unterstellt hatte.

Es war eine Operation am offenen Herzen der Gastronomie, ohne über die geeignete Narkose und die Nachwirkungen nachzudenken. Die Warnungen der Finanzchefs so ziemlich aller Bundesländer, dass sich ein derartiges Gesetz nicht rechnet und mehr kaputt macht als es bringt, wollte man nicht hören. Die sonst im Vorfeld solcher Gesetze üblichen Diskussionen auf Fachebene wurden ausgesetzt. „Wird schon schiefgehen, her mit dem Zaster!", war wohl der Gedanke. Die darauf folgende Wirtesterbensrate zeigte, dass die Operation gründlich schiefgegangen ist. Wenn innerhalb von nicht einmal zehn Jahren allein in Oberösterreich rund 700 Wirtshäuser zusperren müssen, dann kann man nicht mehr lapidar von einer „Strukturbereinigung" sprechen.

Übrigens: Ein plötzlich auftretender „Kollateralschaden" des Gesetzeshandstreichs wurde rasch behoben: Nur wenige Monate nach der gesetzlichen Verordnung hatte man nämlich erkannt, dass man – Oh Schreck! – auch die eigenen politischen Vereine mit Registrierkassen beglückt hatte. So war das nicht gemeint! Panische Angst um die vielen Stimmen der eigenen Klientel machte es möglich, dass man die Registrierkassenpflicht für die rund 120.000 Vereine Österreichs schnellstens wieder zurücknahm.

Chaos pur: Das sehr erfolgreiche und professionell arbeitende Unternehmen, das unserem *Josef* die Registrierkassen-Systeme lieferte, hatte noch sieben Monate (!) nachdem die Registrierkassenverordnung in Kraft getreten war, angeblich noch an die 1.000 Kunden, die auf ihre Kassen warteten. Klar, bei dieser Überlastung! Das Finanzministerium hat dann kleinlaut die Frist für die Anschaffung der Registrierkassensoftware verlängert, dabei aber darauf vergessen, eine Deadline einzuführen. Es reicht, wenn ein Wirt eine Bestätigung dafür vorweisen kann, dass er Software bestellt hat.

Bei 1.000 noch offenen Aufträgen, wie sie etwa mein Lieferant hat, kann das schon noch ein wenig dauern. Mal sehen, wie oft in dieser Zeit die zuständigen Minister noch wechseln werden …

Mit Fleiß nicht zu schaffen!

Ich bin in der glücklichen Situation, einen Sohn zu haben, der mein 45-jähriges Lebenswerk in der Gastronomie fortsetzen will. Aber: Ist das wirklich Glück? Glück für *ihn*? Seit geraumer Zeit versuche ich, ihm die Situationen und Probleme deutlich zu machen, die schlussendlich den wahren täglichen Kampf des Unternehmers ausmachen:

Schauplatz 1, volles Haus: Mitarbeiter kommt nicht, obwohl ohnedies zwei Kellner zu wenig im Dienst sind. Unter der Handynummer des fehlenden Kollegen hebt mal wieder keiner ab. Mitarbeiter nicht erreichbar, was tun?

Schauplatz 2, Hochbetrieb in der Küche: Die Gäste beschweren sich über lange Wartezeiten. Keiner wagt es, den Küchenchef auf die gereizte Stimmung aufmerksam zu machen. Nun ist der Wirt gefordert, in die bereits tobende Küchenschlacht einzugreifen. Ein Wort ergibt das nächste und der ohnedies nicht unbedingt nervenstarke Küchenchef schmeißt das Handtuch bzw. die Küchenschürze und wünscht beim Hinausgehen noch viel Spaß beim Weiterkochen!

Schauplatz 3, Gastgarten: Bereits zum dritten Mal an diesem Tag verjagt ein Regenschauer mitten im stressigen Mittagsgeschäft die auf ihr Essen wartenden Gäste. Nichts wie rein ins Restaurant auf die wenigen noch freien Plätze! Mit voll beladenem Tablett stehen Speisenträger ratlos vor den eben noch belegten Tischen und beginnen mit der fieberhaften Suche nach „ihren" Gästen. Nicht immer wird man gleich fündig, manche Speise kühlt merklich ab und damit auch die Stimmung der Gäste. Das schlägt sich natürlich auch auf das Personal nieder. Irgendwann reicht es dann auch dem Aushilfskellner. Solchen Stress hat er noch nie erlebt. Also stellt er sein volles Speisentablett am nächsten leeren Tisch ab (von denen gibt's im feuchten Gastgarten mittlerweile ja genügend) und verlässt seine Arbeitsstätte. Ohne sich abzumelden, für immer. Erst durch die heftigen Wortmeldungen eines bereits äußerst wütenden Gastes erfährt die Mannschaft von der Abwesenheit des so wichtigen Bindegliedes zwischen Küche und Service. Das Chaos ist perfekt.

Schauplatz 4, Finanz im Haus: „Die Finanz ist im Haus!" – In früheren Zeiten ein überaus seltenes Ereignis, das im schlimmsten Falle damit endete, dass der Wirt seine Arbeit hinschmiss, die Wirtsleute sich scheiden ließen oder der eine oder andere schwer Geprüfte keinen anderen Ausweg mehr sah, als sein Leben am wirtshauseigenen Dachboden zu beenden. Alles leider schon passiert. Heute ist der Besuch der Finanzbeamten zwar um nichts angenehmer, mittlerweile gehört er aber schon zum Alltag im Wirteleben. Fast könnte man meinen, die Einsätze sind eher Teil einer publikumswirksamen Werbekampagne, als wahrhaftige Kontrollgänge: Werbewirksam gekennzeichnete Einsatzfahrzeuge vor allen Aus- und Eingängen des Wirtshauses. Finanzpolizei und andere Einsatzkommandos, die – zum Teil bewaffnet – filmreif durch das volle Lokal schwirren. Absoluter Stillstand des Serviceablaufes, vorzugsweise im Mittags- oder Abendgeschäft. CSI-inspirierte Einsatzkräfte fotografieren – nein, keine Leichen, sondern – die Dienstpläne und kontrollieren gleich darauf, ob auch alle Mitarbeiter aufzeichnungsgemäß im Einsatz und angemeldet sind. Wehe, wenn etwa die servicetechnische Hilfskraft zwar ordnungsgemäß angemeldet ist, aber aufgrund der Hektik mal eine Kellnerbrieftasche eingesteckt hat! Ein Umstand, der nicht der Gebietskrankenkasse gemeldet ist, also Grund genug für eine saftige Verwaltungsstrafe. Finanzstrafe und Nachzahlung bei der Gebietskrankenkasse inklusive.

Schauplatz 5, Sommerloch: Alle Gäste auf Urlaub, am nahen Badeteich, in einem der unzähligen Golfplatzrestaurants oder beim Gratisfest der örtlichen Partei. Das Konto wieder mal heftig überzogen. Die Mitarbeiter warten auf ihren Lohn, inklusive des gesetzlich vorgeschriebenen 13. Monatsgehalts – in einem Geschäftsjahr, das auch nicht mehr als zwölf Monate hat. Viele ausstehende Rechnungen von treuen Firmenkunden, die ständig um noch längere Zahlungsziele ersuchen. Kein Geld am Konto, Kampf ums wirtschaftliche Überleben. Der zuständige Bankberater zeigt vollste Anteilnahme, hält aber fest an Basel I bis IV. Ratlosigkeit.

Wohl jeder Gastronomie-Kollege kann dieses traurige Lied singen und mit Sicherheit noch einige Strophen hinzufügen. Auch mein Sohn kennt alle diese Situationen bestens. Trotzdem ist er überzeugt, all diese Stolpersteine überwinden zu können. Jugendliche Dynamik, die zum Erfolg führt, oder jugendlicher Leichtsinn, der ein schlimmes Ende nimmt?

Ja, ich traue meinem Sohn viel zu. Sehr viel. Er wird durch besseres Controlling einen besseren Wareneinsatz hinbekommen! Er wird durch eine ausgeklügelte Diensteinteilung geringere Personalkosten erreichen. Und er wird durch mehr Sorgfalt und intensivere Schulungen die permanent steigenden Betriebskosten in den Griff bekommen! Und siehe da: Die Gewinne werden ihren Sinkflug beenden, sie werden wieder steigen und all die oben genannten Sorgen werden sich in Luft auflösen …

Hier müsste die Story enden. Eine wunderbare Vorstellung für einen besorgten Vater. Ich fürchte aber, dass die Geschichte weitergeht.

Mein Sohn wird erfahren müssen, dass Fleiß und Einsatz zu wenig sind. Dass eine nimmersatte Regierung durch den sorglosen Umgang mit mühsam verdienten Steuergeldern an seinen Gewinnen nagen wird. Dass immer neue Auflagen, neue unverständliche Gesetze und neue bürokratische Auflagen neue Belastungen bedeuten.

Mein Sohn wird einen noch höheren Einsatz an den Tag legen. Er wird noch mehr Schulden machen, um durch neue teure Ausstattung und aufwendige logistische Lösungen auf einen grünen Zweig zu kommen. Er wird sich selbst ausbeuten und auch die Kraftreserven seiner Familie verbrauchen. Und trotzdem wird er letztlich eines erkennen müssen: Mit fleißiger Hände Arbeit ist sein Gegner nicht zu besiegen. Denn im gleichen Maße wie die Gewinne, steigt auch die Fantasie der Behörden, diese Gewinne zu beschneiden.

Also, mein Sohn: Was wirst du tun? Auf deinen alten, erfahrenen Vater hören und den Wirtsberuf an den Nagel hängen? Oder wirst du das tun, was schon Tausende Söhne vor dir getan haben: Dem Vater beruhigend auf die Schulter klopfen und dann tun, was *du* für richtig hältst?

II. KAPITEL WIRTE & ANDERE KOLLEGEN

Die Mitarbeiter verdienen
zu wenig und kosten zu viel.

Von jedem Euro,
den ich meinem Koch
bei einem Bruttoeinkommen
von € 4.000,– zahle,
kommen gerade einmal
49,53 Cent bei ihm an.

Ein Wirt

22 Jahre: „Bitte warten!"

Anonym

1995 wurde unser Haus (141 Zimmer) eröffnet und ausgestattet mit allen – vermeintlich korrekten – Bescheiden in Betrieb genommen. Als ich einige Jahre und drei Generalmanager später die Geschäftsführung übernahm, übergab man mir alle notwendigen Unterlagen. Bis 2013 wiegte ich mich in Sicherheit.

Die unendliche Geschichte begann, als wir nach einigen Jahren den Behörden ein Ansuchen zur Erweiterung unseres Unternehmens vorlegten. Alle involvierten Stellen wurden zu den Verhandlungen eingeladen. Im Zuge der Terminplanung teilte mir eine Mitarbeiterin der zuständigen Behörde mit, dass in ihren Akten die Arbeitsstättenbewilligung von 1995 fehle! Ich ersuchte sie, mit der dafür zuständigen Behörde Kontakt aufzunehmen. Schließlich die erschreckende Erkenntnis: Es wurde nie eine Arbeitsstättenbewilligung erteilt!

Wir fragten nach, was zu tun wäre, und erhielten eine säuberlich verfasste Auflistung aller notwendigen Maßnahmen. 2013, ganze 18 Jahre nach Inbetriebnahme des Hauses, schickten wir also wunschgemäß einen ganzen Ordner an Plänen und Stellungnahmen an die Behörde. Als dann der Tag der Verhandlung zur Benützungs- und Betriebsbewilligung für die Betriebserweiterung kam, forderte man mich „nebenbei" auf, doch endlich auch die Unterlagen für die Arbeitsstättenbewilligung bereitzustellen. Meine Antwort, dass der Ordner seit 13 Monaten beim Sachbearbeiter liegt, entlockte der Verhandlungsleiterin einen Seufzer: *„Ich weiß, der Arme hat sehr viel Arbeit. Aber … 13 Monate sind schon sehr lang!"*

Das war im Frühling 2015. Im Sommer 2015 wurde ich wieder kontaktiert. Man ersuchte mich, die Unterlagen in vierfacher Ausfertigung zu übermitteln. Wohin, das könne man mir zurzeit aber leider nicht sagen, da derzeit Umstrukturierungen in dieser Behörde stattfänden. Man werde sich wieder melden. Die Kosten für die Erstellung der Unterlagen und der Kopien beliefen sich zu diesem Zeitpunkt bereits auf über € 500,–.

Wir schreiben Sommer 2017: Die Unterlagen liegen noch immer bei mir im Büro, die Arbeitsstättenbewilligung ist noch immer nicht offiziell ausgestellt. Denn ich habe die Information, wohin die Unterlagen zu senden wären, bis heute nicht erhalten. Ich mache mir auch keine Mühe mehr, sie herauszufinden. Wahrscheinlich soll es eine Überraschung werden, und wir bekommen den Bescheid zum 25-jährigen Betriebsjubiläum 2020 in einem Silberrahmen …

Echt jetzt?

Gute Mitarbeiter zu finden, ist nicht leicht. Selbst mittelmäßige Mitarbeiter wachsen nicht auf den Bäumen. Deshalb ist man als Chef eines größeren Betriebes auch ständig mit der Personalsuche beschäftigt. Dabei kann man interessante Typen erleben. Wie etwa den jungen Koch, der sich schriftlich für eine Arbeit in meinem Lokal Josef bewarb. Nach langem Hin und Her hatten wir es schließlich geschafft, einen Termin mit dem viel beschäftigten Herrn für ein Vorstellungsgespräch zu vereinbaren. Wenige Tage davor erreichte uns aber das folgende Mail. Wieder nichts!

Günter Hager

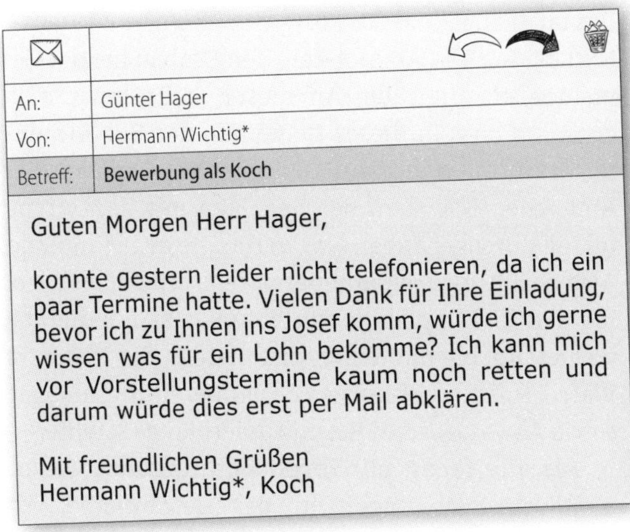

An: Günter Hager

Von: Hermann Wichtig*

Betreff: Bewerbung als Koch

Guten Morgen Herr Hager,

konnte gestern leider nicht telefonieren, da ich ein paar Termine hatte. Vielen Dank für Ihre Einladung, bevor ich zu Ihnen ins Josef komm, würde ich gerne wissen was für ein Lohn bekomme? Ich kann mich vor Vorstellungstermine kaum noch retten und darum würde dies erst per Mail abklären.

Mit freundlichen Grüßen
Hermann Wichtig*, Koch

* Name von der Redaktion geändert.

„Der Zuagraste baut durt nix um!"

Anonym

Als ich 28 Jahre alt war, kaufte ich in einer kleinen Gemeinde im Süden von Oberösterreich eine stark heruntergekommene Liegenschaft. Mit viel Fleiß, Engagement und Liebe war ich am Werk. 15 Stunden durchgehender Dienst war meine normale Tagesleistung. Da ich auch an den Wochenenden arbeitete, kam ich auf eine Wochenarbeitszeit von 105 Stunden.

Als mein kleines Hotel nach 13 Jahren beinharter Arbeit zum ersten Mal gut lief, wollte ich es modernisieren und vergrößern. Also ließ ich einen Architekten kommen und bat ihn, Umbaupläne zu entwerfen. Das tat er auch und das kostete mich stolze € 19.000,–. Nun bat ich den Architekten, den Umbau bei der Gemeinde einzureichen. An dieser Stelle muss man erklären, dass in dieser Gemeinde der Bürgermeister nichts zu sagen hat(te). Der wahre Chef war der Amtsleiter. Nachdem der den Plan mit dem Architekten durchgegangen war, verlangte er Detailpläne. Also beauftragte ich unter anderem: einen Elektriker für den Elektroplan, einen Baumeister für die Statik-Detailpläne und einen Installateur, der Pläne für Wasserzuläufe, Wasserwiederaufbereitungsanlagen sowie Abwasser- und Regenwasserpläne erstellte.

Als alle fertig mit ihren Detailplänen waren, hielt ich Rechnungen in der Gesamthöhe von € 128.534,– in der Hand! Damit (Mit diesen Plänen, nicht mit der Rechnung, versteht sich!) ging der Architekt wieder zum Amtsleiter. Ein halbes Jahr (!)

später erhielt ich einen eingeschriebenen Brief. Die Nachricht: Aus den ..... blablabla .... Gründen kann leider keine Umbaugenehmigung erteilt werden.

Man kann sich vorstellen, dass ich in Anbetracht der immensen Kosten, die ich bereits hatte, alles Menschenmögliche versucht habe, um mein Projekt durchführen zu können. Ich pilgerte von einem Amt zum nächsten, ich engagierte Anwälte, die mein Recht durchsetzen sollten. Doch alle Versuche endeten in der lapidaren Feststellung, die ich auch von der Bezirkshauptmannschaft hören musste: Wir verstehen ja, dass es hier um 40 neue Arbeitsplätze in einer von Arbeitslosigkeit geprägten Region geht, aber ... gegen den Wunsch des Amtsleiters könne man sich nicht stellen. Schluss, aus! € 130.000,– in den Wind geschossen! Danke, Herr Amtsleiter.

Der hat übrigens dem Ganzen ein halbes Jahr später noch die Krone aufgesetzt: Herr Amtsleiter saß gemütlich beim Gemeindefest. (Muss ich erwähnen, dass diese Veranstaltung keine Abgaben und Steuern entrichtet?) Von der anstrengenden Dienstwoche förmlich ausgetrocknet, trank der strenge Herr voller Herzenslust sein drittes Krügel Bier. Und dann sagte er es, und zwar so laut, dass es auch an den Nachbartischen zu hören war: „Na, dem hab' is zagt, des hot dem Trottel vü Göld kost. I hob's jo von Anfang au g'wusst: Der Zuagraste baut durt nix um!" Und weil an einem der Nachbartische ich saß, kann ich sein schallendes Lachen noch heute in meinen Albträumen hören.

Die nächste Generation

Anonym

Ich war sechs Jahre Schülerin einer Gastgewerbefachschule in Wien und werde das Lokal meiner Eltern in Kürze übernehmen. Seit 10 Jahren bin ich in unserem Betrieb aktiv und habe schon einiges mitbekommen. Nicht nur, was die Tätigkeit als Gastronomin anbelangt, sondern auch einiges in Sachen Schikanen und Willkür. Nach dem letzten Magistratsbesuch spielte ich sogar schon mit dem Gedanken, alles hinzuschmeißen. Aber das sagt sich viel leichter, als es ist: Das Lokal ist mein Zuhause, da bin ich aufgewachsen, meine Eltern führen es seit 50 Jahren! Wie kann man das alles einfach aufgeben?

Doch es ist bald keine Frage des Wollens, sondern des Müssens: Ständig werden wir mit neuen Auflagen und neuen Gesetzen bombardiert. Oft fühlen wir uns als Klein- und Mittelbetrieb und Familienunternehmen alleine gelassen. Unser Betrieb ist mein Zuhause, die Mitarbeiter sind meine Familie. Einige davon haben mich großgezogen, sie kennen mich, seit ich ein Baby war. Auch für sie fühle ich mich verantwortlich. Jeden Abend gehe ich verzweifelt ins Bett, weil ich nicht weiß, wie es bei all den Auflagen, Personalkosten, Umbauten, Strafen, Steuern usw. weitergehen soll. Wenn ich am nächsten Tag aufwache, ist mein erster Gedanke derselbe wie beim Einschlafen. Das geht den ganzen Tag so weiter. Die Lage ist schlimm, aber was kann ich als 29-jährige Jungunternehmerin schon ausrichten?

Es geht leider nicht nur uns Jungen so. Ich bin schon bei einigen „g'standenen" Gastronomen gesessen, die mir ihre Lage mit ähnlichen Worten geschildert haben. Es ist zum Beispiel hoch an der Zeit, eine Regelung zu finden, wie bei Betriebsübernahmen Altgenehmigungen schrittweise an die neuen gesetzlichen Vorgaben herangeführt werden können. Denn viele Betriebe schaffen es finanziell einfach nicht, ihre Betriebsanlage in einem einzigen sofortigen Schritt an die neuen Vorgaben anzupassen. In einer Stadt wie Wien, in der es so viele oft weltberühmte, historisch gewachsene Betriebe gibt, muss doch der Gesetzgeber Grundlagen schaffen, diese zu erhalten, statt sie mit Verordnungen auszuradieren. Es kann doch nicht Ziel des Gesetzgebers sein, der nächsten Gastronomengeneration mit übertriebener bürokratischer Härte die Zukunft zu verbauen und damit mutwillig Tradition und Arbeitsplätze zu gefährden.

Ich hoffe und bete, dass die Behörden endlich damit aufhören, alle Gastronomen von vornherein als Gauner zu sehen. Ganz im Gegenteil, sie sollen uns unterstützen, schließlich reden ja alle immer von den Klein- und Mittelbetrieben als „das Rückgrat der Wirtschaft".

Dieses Rückgrat gilt es zu stärken. Nur dann bin ich in der Lage, die Tradition und den Stolz meiner Eltern, mein Zuhause weiterzuführen.

Mutterschutz

Anonym

Unverhoffte Nachricht in aller Früh: Meine Mitarbeiterin an der Spüle ist – was mich sehr für sie freut – schwanger. 25 Stunden pro Woche an der Spüle zu stehen, ist eine anstrengende, aber nicht unzumutbare Tätigkeit. So zumindest meine Meinung. Da die Mitarbeiterin in Erwägung zog, einen frühzeitigen Mutterschutz zu beantragen, besuchte sie ihre Frauenärztin. Diese teilte ihr mit, dass sie als Ärztin leider keine Möglichkeit mehr habe, werdende Mütter in vorzeitigen Mutterschutz zu schicken. Der Amtsarzt sei jetzt dafür zuständig, und das nur nach vorheriger Begutachtung des Arbeitsplatzes durch das Arbeitsinspektorat. Ich schickte daraufhin die Mitarbeiterin zum Arbeitsinspektorat, damit sie sich diesbezüglich erkundige. Schon am nächsten Tag erhielt meine Frau (ich war unterwegs) Besuch einer Arbeitsinspektorin, die schriftlich feststellte:

„Die Beschäftigung der werdenden Mutter, Frau Schmidinger, als Abwäscherin ist aufgrund der Tätigkeit (Schweres Heben und Tragen bei der Waschstraße und Schwarzküche) verboten (§4 Abs.2.Z.1 MSchG)"*
Frist: unverzüglich
Hinweis: Ist aufgrund eines Beschäftigungsverbotes eine Weiterbeschäftigung nicht möglich, so gebührt der werdenden Mutter der Durchschnittsverdienst der letzten 13 Wochen. (§14 MSchG)

Die Arbeitsinspektorin wies meine Frau an, die betroffene Mitarbeiterin unverzüglich – bei voller Bezahlung, versteht sich – dienstfrei zu stellen und nach Hause zu schicken! Gleich nachdem meine Frau der Anweisung der Arbeitsinspektorin gefolgt war, rief sie mich an und erzählte mir die ganze Geschichte. Ich konnte nicht glauben, was ich da hörte, und kontaktierte unverzüglich die Arbeitsinspektorin. Die teilte mir mit, dass die Mitarbeiterin schwere Besteckkörbe, Tellerstapel, Serviertabletts und dergleichen heben müsse, und dass dies so nicht gehe. Sie habe sich auch umgesehen und in unserem Betrieb keine anderen möglichen Tätigkeiten für die Mitarbeiterin gefunden. Also Arbeitsverbot!

Ich erwiderte darauf, dass die Mitarbeiterin doch ganz einfach kleinere Mengen der Tellerstapel, Serviertabletts, Besteckkörbe und dergleichen heben könne. Dann wäre ja alles ganz einfach zu lösen, meinte die Arbeitsinspektorin. Ich müsse das nur der Dienstnehmerin in einer Dienstanweisung schriftlich mitteilen und alle Probleme wären gelöst. Unsere schwangere Abwaschhilfe dürfe dann auch wieder arbeiten.

Weil es so unglaublich klingt, noch einmal kurz zusammengefasst: Gestern mussten wir unsere Abwäscherin dienstfrei stellen. Dann machte ich die Arbeitsinspektorin auf die verblüffende Tatsache aufmerksam, dass man Tellerstapel auch verkleinern könne. Und heute bestellte ich die Abwäscherin wieder in die Arbeit und übergab ihr die schriftliche

Dienstanweisung, ihre Lasten zu verkleinern. Gegen Unterschrift natürlich. Heute darf sie also wieder arbeiten! Was ist aus dem gesunden Menschenverstand geworden? Darf ich ohne entsprechende Dienstanweisung von einer erwachsenen Frau nicht erwarten, dass sie ihre Lasten in kleinere Einheiten aufteilt?

Meine aber noch viel folgenschwerere Erkenntnis aus diesem Vorfall: Auch wenn das Arbeitsinspektorat einer werdenden Mutter „Arbeitsverbot" ausspricht, ergibt sich daraus kein Anspruch auf vorzeitigen Mutterschutz. Was sie sehr wohl hat, ist Anspruch auf Dienstfreistellung. Bei voller Bezahlung durch den Dienstgeber! Mit anderen Worten: Die Krankenkassen wälzen die Kosten für vorzeitigen Mutterschutz auf die Unternehmer ab. Spielt ja keine Rolle bei denen, sind ja eh lauter Millionäre!

Daraus ergibt sich die Frage: Warum zahlen Dienstgeber und Dienstnehmer einen Versicherungsbeitrag an die Krankenkasse, wenn die Kosten schließlich ohnehin wieder der Dienstgeber tragen darf? Unglaublich, aber leider nur ein Beispiel von vielen, mit denen es die Politik in unserem Land Schritt für Schritt schafft, jedem Unternehmer die Lust an seiner Arbeit zu nehmen.

Man kann nie genug Zaun haben

Anonym

Besonders stolz sind wir in unserem Wirtshaus auf unseren Kinderspielplatz. Er ist mit neuen Schaukeln, Spielwippen und Klettergerüsten ausgestattet, ein richtiger Abenteuerspielplatz. Die Kinder lieben die vielen Möglichkeiten, sich auszutoben, die Eltern schätzen den Umstand, dass der Spielplatz gleich an den Gastgarten anschließt.

Eines Tages flatterte ein Brief ins Haus: Uns wurde behördlich vorgeschrieben, unseren Spielplatz von der Donau abzugrenzen. Selbst beim allerbesten Willen hätten wir dieser Forderung nicht nachkommen können. Warum? Unser Gasthaus liegt an der Enns (!), die Donau befindet sich rund 20 Kilometer entfernt davon. Und außerdem: Das Ufer der Enns – falls die Behörden vielleicht doch diesen Fluss meinen – ist auf der Höhe unseres Spielplatzes ja ohnehin bereits eingezäunt. Half alles nichts. Aus Donau wurde Enns und die Errichtung des Zaunes blieb Vorschrift! Die Begründung: Zwischen dem bestehenden Zaun und unserem Spielplatz verläuft ein Fußweg. Im Falle eines Unfalls wäre unklar, ob das Unglück auf dem Fußweg oder in unserem Gasthausspielplatz seinen Anfang genommen habe. Also stehen jetzt innerhalb von drei Metern gleich zwei Zäune. Und die Spaziergänger können ein wenig nachvollziehen, wie sich ein Löwe auf seinem Weg in die Manege fühlt …

Kein Schaden, trotzdem Strafe

Anonym

An einem schönen Tag im Mai kamen – um nicht zu sagen stürmten – vier Beamte der Finanzpolizei in Zivil in mein Kaffeehaus. Ich war zu dieser Zeit nicht vor Ort, meine Geschäftsführerin – verständlicherweise ziemlich aufgeregt – setzte mich per Telefon von der Situation in Kenntnis.

Ich beruhigte sie und erklärte ihr, dass sie alles vorzeigen könne, was die Herren verlangen. Schließlich hätten wir nichts zu verbergen. Kontrolliert wurden hauptsächlich unsere Mitarbeiter und ihre Arbeitszeitaufzeichnungen. Nach rund vier Stunden war die Kontrolle beendet. Wie erwartet, verließen die vier Herren mein Kaffeehaus ohne Beanstandung. Wir atmeten auf. Denn auch wenn man nach bestem Wissen und Gewissen korrekt gehandelt hat, eine aufregende Sache ist so eine finanzpolizeiliche Kontrolle immer.

Man soll sich aber nicht täuschen, was die österreichische Bürokratie alles zuwege bringt; das dicke Ende kam noch: Einen Monat später langte ein Strafbescheid über € 880,– bei uns ein. Die Strafbegründung: Bei Überprüfung der Arbeitszeitaufzeichnungen habe man entdeckt, dass eine unserer Mitarbeiterinnen an ihrem ersten Arbeitstag um 9.33 Uhr statt wie vorgeschrieben um 7 Uhr angemeldet worden war. Ob es unser Fehler oder jener des Steuerberaters war, konnten wir nicht mehr herausfinden. Eigentlich egal, denn zum Zeitpunkt der Finanzüberprüfung war die besagte Mitarbeiterin bereits ein halbes Jahr bei uns. Sie ist hier noch heute tätig und hat auch an ihrem ersten Tag selbstverständlich den vollen Lohn (berechnet ab 7 Uhr Dienstbeginn) erhalten. Es gab also auch keinen Geschädigten – weder die Mitarbeiterin noch die Finanz noch die Gebietskrankenkasse. Und trotzdem dieser Strafbescheid, wegen lächerlichen 2 Stunden und 33 Minuten!

Zunächst bezahlten wir die Strafe, doch unserem Steuerberater und mir ging die Sache nicht aus dem Kopf. Wir empfanden die Behandlung als Ungerechtigkeit und gingen in die Berufung. Bei der darauffolgenden Anhörung vor dem Richter behielten wir recht! Man folgte unserer Argumentation, dass es ja keine Geschädigten gegeben habe. Die Strafe wurde zurückgewiesen. Eine schriftliche Verwarnung konnten sich die Behörden allerdings nicht verkneifen. Übrigens … unsere erste Verwarnung in 25 Jahren Selbstständigkeit!

So schnell kriminell

Anonym

Nachdem ich mein kleines Hotel eröffnet hatte, stellte ich Mitarbeiter aus der nahen Umgebung ein. Ich war mit fast allen sehr zufrieden. Mit fast allen, denn zwei der zwölf Neuen waren für die Arbeit an der Rezeption einfach nicht geeignet. Sie waren mürrisch, kaum motivierbar und zynisch. Also musste ich mich von ihnen trennen. Und dann kam's: Die beiden zeigten mich beim Finanzamt an. Sie hatten zwar absolut nichts Konkretes gegen mich in der Hand, aber sie wussten wohl, dass sie mir damit eine Menge Unannehmlichkeiten bereiten würden. Wie wahr: Am 5. Dezember – passenderweise der Krampustag – sprangen zwölf (!) Finanzbeamte aus ihren Autos und umstellten mein Hotel. Sie hielten mir ein Papier mit der Aufschrift „ACHTUNG Durchsuchungsbescheid" vor die Nase und verwandelten mich damit von einer Sekunde auf die andere vom rechtschaffenen Unternehmer zum durchsuchungswürdigen Kriminellen. So schnell geht das!

Die Beamten erzählten mir seelenruhig, dass es zwar keine konkreten Hinweise für ein Verbrechen gab, die Aussagen der beiden Mitarbeiter dem Richter aber gereicht hätten. So leicht und schnell geht das also mit einem Durchsuchungsbefehl. Die Tatsache, dass man selbstständiger Unternehmer ist, scheint als Grundverdacht zu genügen. Und das nicht nur für den Unternehmer selbst, sondern auch für seine Umgebung! Denn zeitgleich gab es auch im Privathaus meines Schwiegervaters (!), meines Elternhauses (!), in der Garage eines Freundes (!) und im Keller einer gemieteten Wohnung Hausdurchsuchungen. Es wurden also Menschen hineingezogen, die nichts und absolut nichts mit dem Unternehmen zu tun hatten. Vom personellen und damit finanziellen Aufwand für so eine Aktion ganz zu schweigen!

Vier wackere Finanzbeamte drangen schließlich in meine Wohnung ein, blieben dann aber wie erstarrt stehen! Sie konnten nicht glauben, was sie da sahen: Statt Betten Matratzen auf dem Boden, ein Karton als Fernsehtisch im Wohnzimmer, eine zerrissene Couch davor. Ja, Selbstständigkeit kostet Geld – und das hatten wir in unser Hotel investiert und nicht in häusliche Einrichtungsgegenstände.

Einen der Finanzbeamten schien dann doch das schlechte Gewissen zu drücken. „Wissen Sie", sagte er im Hinausgehen zu mir, „in der Anzeige stand, dass es bei Ihnen goldene Wasserhähne, silberne Löffel und prunkvolle Möbel gibt. Tut mir leid!" Der Herr war übrigens der Einzige, dem der „Überfall" leidgetan hatte. Entschuldigt, und damit meine Würde in dem 1.800-Seelen-Dorf wiederhergestellt, hat sich niemand.

Pflanzen verletzen den Luftraum

Anonym

Ein Tag im Sommer: Ein aufmerksames Aufsichtsorgan des magistratischen Bezirksamts in Wien stellte fest, dass in unserem Gasthaus die Pflanzen im Schanigarten nicht kerzengerade nach oben wachsen. Sie erlaubten es sich sogar, über den Trog zu hängen!

Obwohl wir das sofort in Ordnung brachten, wurde ein mehrseitiger Bescheid erlassen. Darin wurde uns für den einmonatigen Zeitraum, in dem die Pflanzen „den Luftraum der Stadt Wien in Anspruch genommen hatten", die Summe von € 14,– nachverrechnet! Damit nicht genug: Es wird auch eine andere Abteilung des Magistrats aktiviert, damit diese mir auch als Privatmann eine Strafe für das nicht korrekte Bändigen meiner Pflanzen zustellt. Beachtliches Bußgeld: € 40,–!

Auch nach 20 Jahren Selbstständigkeit schafft es unser Beamtentum noch immer, mich mit offenem Mund zurückzulassen …

Alles zum Wohle der Konsumenten?

Anonym

Eine Branche, die mehr als 400.000 Menschen Arbeit bietet – Lieferanten nicht miteingerechnet –, hat bei der Regierung als Job-, Tourismus- und Konjunkturmotor einen dicken Stein im Brett. Sollte man meinen!

Für die Gastronomiebranche gilt das so nicht! Es fehlt offensichtlich an notwendiger Lobby-Power. Regelmäßig bekommt diese Branche vom Gesetzgeber eine auf den Deckel. Nichtraucherschutz, genereller, latenter Image-verzehrender Generalverdacht auf Steuerhinterziehung. Und dann – der nächste Hammer: die Kennzeichnungspflicht von in „loser Ware" enthaltenen, allergieverursachenden Stoffen. Welcher Gastronom kann denn alle seine Zutaten zu 100 Prozent regelkonform kennzeichnen, ohne dabei auf vorgefertigte Convenience zurückzugreifen?

Also (Halb-)Fertiggerichte in der Wirtshausküche? Aber dann wäre Schluss mit der regionalen saisonalen Küche, mit Wochenkarte und Tagesgerichten. Den Erlebnisfaktor Restaurantbesuch kann man dann getrost vergessen. Alles zum Wohle des Konsumenten?

Der Mist muss weg!

Anonym

Wir planten vor einigen Jahren, unsere Hotelküche in einen „Front Cooking"-Bereich mit angeschlossenem Buffetbereich umzubauen. (Auch um die eklatanten Personalengpässe zu umgehen.) In die Planungen war von vornherein der Lebensmittelinspektor eingebunden. (Eine Maßnahme, die ich nur wärmstens empfehlen kann. Sie werden gleich wissen, warum.) Die Vorgaben und Hinweise des Herrn Inspektors, der – Glück für uns – eine höhere Position in der Behördenhierarchie innehatte, wurden von uns in die Planung einbezogen und ausgeführt.

Kurze Zeit nach Fertigstellung und Inbetriebnahme unseres nagelneuen „Front Cooking"-Bereichs erfolgte schon die erste Kontrolle durch einen Lebensmittelinspektor. Nicht der, der uns beraten hatte, kam, sondern ein anderer, ein recht junger. Der prüfte und hatte auch schon bald etwas auszusetzen. *„Sagen Sie mal"*, begann der wackere Beamte, *„der Spuckschutz am Buffet, welcher Trottel hat denn den angeordnet und gebaut? Der ganze Mist muss sofort weg. Sofort!"*

Man will ja niemandem zu nahe treten, aber ich musste dem jungen Mann schon sagen, dass die gesamte Konstruktion auf einer Empfehlung seines Chefs beruhe. Am besten wäre es doch, er würde seine Einwände gleich mit ihm persönlich besprechen. Und dann kam's: Der offensichtlich peinlich berührte Chef konnte sich plötzlich gar nicht mehr daran erinnern, eine solche Empfehlung für Spuckschutz-Bauweise und Co. abgegeben zu haben. In dieser Situation waren wir sehr froh, über ausführliche Protokolle und Mitschriften der diversen Bauverhandlungen zu verfügen. Mit diesem Protokoll konfrontiert, änderten die Inspektoren ihr Verhalten und ließen mit keiner Silbe mehr etwas von sich hören …

Prinzipieller Vegetarier

Diese – natürlich und leider wahre – Geschichte erhielt ich von einem Freund. Seine Frau arbeitet in der Verkaufsabteilung eines Schlosshotels, das unter anderem auch Schulsportwochen anbietet. Korrespondenz mit Lehrern im Vorfeld des Aufenthalts gehört bei ihr zur Routine. Und immer mehr muss sich die Dame in letzter Zeit mit Anfragen herumschlagen, bei denen man sich fragt: „Geht's noch?" In diesem Fall bringen wir nur einen Bruchteil der an die hundert Mails, die vor dieser Schulsportwoche hin und her flogen. Die Namen der handelnden Personen haben wir auf Wunsch geändert.

Günter Hager

An: Schlosshotel Badenstein*

Von: Professor Heller*

Betreff: Sportwoche

Liebes Schlosshotel-Verkaufsteam

1a) Laut Rückmeldung der Kinder vorab bekommt 1 Kind Ausschlag bei Zitrusfrüchten, 1 Kind übergibt sich, wenn Tomatenstücke im Essen sind, 1 Kind kann keine Kasknödl essen, weil es sonst körperlich reagiert; sonstige Produkte die vereinzelt abgelehnt werden: 1x Sauerkraut, 1x Karotte, 2x Knödeln, 2x Käse, 1x Rindfleisch, 1x Spinat, 1x Rotkraut, 1x Zwiebeln, 1x Paprika. Es ist mir klar, dass nicht alle diese Produkte vermieden werden können, aber vielleicht kann die Küche wenn sie Bescheid weiß z.B. für 1 Kind etwas abschöpfen bevor ein abgelehntes Produkt beigemengt wird. (Nach dem Motto: Wenn es möglich ist nimmt man Rücksicht, wenn nicht, dann kann man nichts machen und es gibt vielleicht eine kleine Jause als Ersatz – Brot mit Wurst oder Ähnliches).

1b) Für die Wanderung am 27.Juni habe ich Ihnen bereits die Menüwünsche aus der von ihnen kommunizierten Auswahl rückgemeldet, da wäre mir wichtig, dass das so klappt – falls es zu einer Änderung im Menü kommen sollte, würde ich die Befragung der Kinder nochmal extra machen

2) Hier ist zu beachten, dass wir nach dem Mittagessen bei einem Lokal in Nähe des Bahnhofs abgeholt werden. Wir werden vermutlich um 10:31 ankommen und dann wahrscheinlich zum Restaurant marschieren. Anschließend holt uns der Bus ab, sodass wir um 13:30 beim Campingplatz sind. Ich weiß nicht mehr was wir vereinbart hatten – Gepäck im Schlosshotel vor Zelte aufstellen abladen, oder danach?

Professor Hans Heller*

An:	Professor Heller*
Von:	Schlosshotel Badenstein*
Betreff:	AW: Sportwoche

S.g. Herr Professor Heller!

Unser Schlosshotel verköstigt seine Gäste (Schülergruppen) mit täglich frisch zubereitetem Essen, wobei wir versuchen, eine möglichst breite Geschmackspalette zu bieten, bei Kindern beliebte Gerichte zuzubereiten und zusätzlich noch die Menüfolge mit anderen Gasthäusern, die im Programm vorgesehen sind, abzustimmen.
Es ist immer eine vegetarische Variante dabei und wir servieren keine Schweinefleischprodukte. Zu den Mahlzeiten gibt es auch Salat, Brot, Obst also weitere Alternativen auf die man zurückgreifen kann. Gegen Voranmeldung nehmen wir auf Gluten- und Lactose-intoleranzen Rücksicht. Sonst bitte ich Sie zu verstehen, dass wir im täglichen Betrieb mit der Verköstigung von 100 Schülern pro Tag nicht auf mehr Sonderwünsche eingehen können.
Ich bin zuversichtlich, dass es den Schülern hier schmecken wird, und sie herzhaft zugreifen werden!
Wir freuen uns auf Ihren Besuch und verbleiben mit freundlichen Grüßen

Ihre Antonia Geduldig*
Schlosshotel Badenstein*, Verkauf

An: Schlosshotel Badenstein*
Von: Professor Heller*
Betreff: AW; AW: Sportwoche

Antwort des Lehrers
Sehr geehrte Frau Geduldig,

danke für ihre Antwort!
Meine Klasse ist dahingehend wahrscheinlich eh eine Ausnahme, weil bei den 27 Kinder kein einziger prinzipieller Vegetarier (auch keine Vegtarierin) dabei ist. ;-) Mir wäre nur wichtig, dass alle Kinder die wahrscheinlich körperlich anstrengende Woche im Nationalpark mit glücklich gefülltem Magen verbringen können, daher habe ich hier mal nachgefragt. Von Intoleranzen oder Allergien ist mir nichts bekannt, werde dazu noch die Eltern befragen und mich wenn notwendig rechtzeitig vorab melden. Was pingelige Essenswünsche oder verschiedene Geschmäcker anbelangt: Gehe ich richtig in der Annahme, dass die vegetarische Variante trotzdem individuell gewählt werden kann, wenn die Fleischspeise vielleicht doch nicht dem individuellen Geschmack entspricht? Bis wann muss man das melden? Im Prinzip könnte ich sofort Bescheid geben sobald ich weiß welche Hauptgerichte angeboten werden, auch gerne schon vor unserer Anreise, je nachdem wie es Ihnen lieber wäre.

Und eine Frage zu „Salat, Brot, Obst": Gibt es zum Brot als Notfallvariante auch ein bisschen Wurst oder Käse, falls ein Kind mit einer Hauptspeise mal aus welchem subjektiven Grund auch immer doch nicht zurecht kommt? Ich kann mich erinnern, dass ich selbst als Kind bei Schulwochen immer wieder mal Speisen dabei hatte die ich einfach nicht runter bekommen habe, auch wenn sie gut zubereitet waren, aber ich war einfach nur das gewohnt was mir meine Mutter zuhause serviert hat und den Rest brachte ich einfach nicht runter, so sehr ich mich auch bemüht habe. Verwöhnt, schon klar, aber das konnte ich dann auch nicht mehr ändern. Da wäre ich um ein Wurstbrot manchmal sehr froh gewesen. Wäre tolle wenn das für die Spostwoche klappt, denn beim Wandern und sonstigen Programm brauchen wir fitte, gesunde Kinder. Verstehe natürlich, dass Sie nicht auf jede Extrawurst Rücksicht nehmen können, aber ein bisschen Wurst und Käse für den Notfall im Kühlschrank bereit halten wäre wirklich schon alles was wir uns wünschen würden. Vielen Dank!

Mit freundlichen Grüßen,
Professor Heller*

Schlussbemerkung: Nach unzähligen Mails in dieser Sache und weil dem Hotel keine einzige Allergie oder Intoleranz eines Kindes bekannt gegeben wurde, hat das Schlosshotel-Team beschlossen, wie sonst auch üblich zu kochen. Allen hat's geschmeckt!

Günter Hager

* Namen geändert, alle der Redaktion bekannt.

Großstadt oder Kurort

Peter Dobcak*

Ein Lebensumfeld, frei von Störungen aller Art – wer wünscht sich das nicht? Der Ruf nach Schutz der Anrainer vor ungebührlicher Belästigung durch angrenzende Betriebe ist durchaus nachvollziehbar. Aus diesem Grund haben Anrainerrechte für den Gesetzgeber auch hohe Priorität. Und deshalb investieren Gastronomen jährlich viele Millionen Euro in ihre Betriebsanlagen. Doch wie so vieles in unserem schönen Land, sind in den letzten 15 Jahren auch in dieser Hinsicht Hausverstand und Verhältnismäßigkeit völlig verloren gegangen.

Nehmen wir einen Bewohner von Wien zum Beispiel. Er hat sich für die Großstadt entschieden, mit guter Infrastruktur und vielen Möglichkeiten für Arbeit und Freizeit. Zu einem funktionierenden Ballungs- und Wirtschaftszentrum gehören auch Industrie- und Gewerbebetriebe. Darunter natürlich auch die Gastronomie! Dass es in solchen lebendigen Zentren nicht so ruhig zugehen kann wie in einem Kurort, sollte eigentlich einleuchten. Und doch werden auch hier aus nachvollziehbaren Anrainerrechten willkürliche Schikaneakte einer destruktiven Minderheit. Egal, wie groß die finanzielle Belastung für den Betrieb auch sein mag, ab 23.00 Uhr wird der Gehsteig hochgeklappt. Wenn ein Anrainer besonders lärmempfindlich ist, geht das auch schon früher.

Trauriges Beispiel: ein Heuriger in Grinzing, der an diesem Ort seit 300 Jahren betrieben wird. Und dann, nach 300 ungestörten Jahren, kamen sie ins Nachbarhaus, die neuen Anrainer. Vorbei war es mit der friedlichen Kooperation, es hagelte Anzeigen: Die Gäste wären im Garten und beim Verlassen des Lokals viel zu laut. Zuvor hat sich niemals jemand beschwert. Die schwierigen Nachbarn möchte man am liebsten kurz durchschütteln und sie fragen, was sie sich denn dabei gedacht hätten: Ziehen mitten in eine der ältesten Heurigengegenden Wiens und wundern sich dann, dass es hier nicht so zugeht wie im Ruheraum der Kursauna!

Abgehakt die Sache, wegen schwerem Verstoß gegen den gesunden Menschenverstand! Könnte man meinen, die gesetzliche Lage ist allerdings so, dass es durchaus so weit kommen kann, dass die Heurigen-Betreiber ihre Gäste weit vor 23.00 Uhr in das Lokalinnere komplimentieren müssen. Dass dies durchaus nicht angenehme Situationen herausfordert und schlecht fürs Geschäft ist, wird wohl selbst dem stursten Paragraphenreiter einleuchten.

Wie die Geschichte des Grinzinger Traditionsheurigen ausging? Dem hellhörigen Nachbarn wurde tatsächlich recht gegeben, der Heurige muss seine Gäste um 22.00 Uhr vom Garten in die Gaststube bitten. Nur weil es einem einzigen neu zugezogenen Anrainer nicht passt, obwohl der Betrieb das tut, was er seit 300 Jahren tut. In seinem Bemühen, alle über die Grundrechte hinaus zu ihrem Recht kommen zu lassen, hat der Gesetzgeber übers Ziel geschossen und den Weg Richtung Diktatur der Minderheit geebnet.

* Peter Dobcak ist Obmann der Fachgruppe Gastronomie in der Wiener Wirtschaftskammer.

Spaß haben verboten!

Peter Dobcak*

Es ist noch keine 20 Jahre her, da haben wir Europäer uns über die überfürsorglichen Amerikaner lustig gemacht, wenn sie unter dem Leitspruch „For your own safety!" die unsinnigsten Verbote und Warnungen begründeten. Und heute? Bald sind wir selbst Verbots-Weltmeister! Die Begründung: „Zu Ihrer eigenen Sicherheit!" – Amerikanische Verhältnisse eben …

Der Hang der Herrschenden, alles und jeden kontrollieren zu wollen, bleibt unverändert gleich. Jede Zeit hat ihre Mittel und diese werden bis zum Maximum ausgenützt. Ein herausragendes Beispiel ist das kleine Glücksspiel. In den letzten Jahren wurde es in einigen Ländern an bestimmte Konzessionsinhaber vergeben, in anderen Bundesländern wie etwa Wien wurde es komplett verboten. So, und damit wurde wieder einmal bewiesen, dass der Mensch offensichtlich unfähig ist, aus der Vergangenheit zu lernen. Denn seit Menschen auf dieser schönen Erde leben, vergnügt man sich bei Essen, Trinken, Sex und Glücksspiel. Noch jede Gesetzgebung – egal welchen Jahrhunderts – ist über kurz oder lang daran gescheitert, eine dieser Ur-Verlockungen verbieten zu können.

Zurück zum Verbot des kleinen Glücksspiels am Beispiel Wien: Im Jänner 2015 ist es erfolgt, und bis heute ist die Zahl der Spielsüchtigen dennoch nahezu unverändert gleich geblieben. Nach einem kurzzeitigen Rückgang suchen nun wieder mehr Menschen Beratung bei der Spielsuchthilfe. Und zwar wegen des Wettens. Das Problem hat sich nur verlagert. Es wird vorgeschlagen, sogenannte „niederschwellige Hilfe" für die Betroffenen anzubieten. Mitarbeiter im Betrieb sollen geschult werden, es braucht Hilfe von der Stadt.

Genau darauf haben die Gastronomen vor dem Verbot des kleinen Glücksspiels hingewiesen. „Der effizienteste Spielerschutz ist der Gästeschutz!", sind die Gastronomen überzeugt. Der Wirt kennt seine Stammgäste am besten. Wenn ein Gast zu lange spielt oder zu viel verliert, dann ist früher der Wirt eingeschritten und hat gesagt: „Es ist genug für heute. Trink noch ein Achterl aufs Haus und lass es gut sein." Und es hat funktioniert, denn das war ein Teil dieser jetzt von Experten verlangten niederschwelligen Hilfe. Man wollte den Menschen ja nicht in den Ruin treiben, sondern vor sich selbst schützen.

Die Probleme verlagerten sich in die Anonymität des Internets. Wenn jemand spielen möchte, dann findet er eben einen Weg. Genau das wird jetzt von den Experten bestätigt. Den Spielsüchtigen muss geholfen werden, keine Frage. Wo stehen wir jetzt? Über 50 Mio. Euro pro Jahr an Steuereinnahmen weniger, hunderte Wirte in Konkurs, weil ihnen diese Einnahmequelle über Nacht genommen wurde. Nahezu alle betroffenen Wirte samt Mitarbeitern sind direkt beim AMS gelandet und kassieren Sozialhilfe, aber genau die gleiche Anzahl an Spielsüchtigen wie vorher.

Ein Überdenken der Position seitens der Politik ist nicht zu erwarten. Ganz im Gegenteil: Es werden wohl noch mehr Verbote kommen. Die Rechnung bezahlt im wahrsten Sinne des Wortes der Wirt, die Differenz muss wieder die schweigende Mehrheit der Bevölkerung aufbringen. Und zwar jener Teil der Bürgerinnen und Bürger, der weder spielt noch sonst wie süchtig ist. Allerdings jeden Tag hart arbeitet, für die anderen …

* Peter Dobcak ist Obmann der Fachgruppe Gastronomie in der Wiener Wirtschaftskammer.

Trauriger Konfettiregen

Peter Dobcak*

Der heiße Sommer 2017: Über das Wetter kann sich kein Schanigartenbetreiber beschweren. Eine 30-Grad-Woche folgt der nächsten. Vor den Eissalons bilden sich lange Schlangen. Menschen voller Vorfreude auf ein kühlendes Geschmackserlebnis.

Menschenschlangen sind aber nicht die einzigen Schlangen, die hier in diesem Sommer anzutreffen sind. Aus der Vielzahl an Bondruckern der Eissalons quellen schier endlose Papierschlangen. Bon für Bon winden sie sich aus den frisch angeschafften Geräten, kriechen zu Boden und machen sich auf den Weg durchs Lokal, wer weiß, wohin … ?

Den Bon annehmen, einstecken, mitnehmen? 10 cm Papierfahne wegen einer Kugel Eis? Wen interessiert das? Nicht einmal die Buchhaltung! Allein die beliebtesten Eisgeschäfte Wiens erzeugen auf diesem Wege in der Hauptsaison knapp 50 km giftige Thermopapierschlangen. Pro Monat und pro Eissalon! Von den tausenden Gastronomiebetrieben in Wien mit Registrierkasse gar nicht zu reden! An das Belege-Gebirge, das die rund 50.000 Gastronomiebetriebe in ganz Österreich pro Tag erzeugen, will man gar nicht denken. Muss man aber, denn das ist weder nachhaltig noch umweltfreundlich und schon gar nicht förderlich im Kampf gegen den Klimawandel. Interessant ist – nebenbei bemerkt – auch die Tatsache, dass ein Großteil der in Österreich verkauften Bon-Rollen und Registrierkassen im Ausland hergestellt wird. Das lukrative Geschäft mit der Bon-Pflicht – der Verbrauch wird ja quasi vom Gesetz garantiert – machen also die anderen.

Der Wunsch nach dem Aushändigen einer Rechnung ist ja verständlich. Wenn schon nicht immer für die eigene Buchhaltung, so doch als Beleg, um die Konsumation prüfen zu können. Doch muss dieser Nachweis zwangsläufig auf Papier ausgedruckt werden?

Muss nicht! Die Registrierkasse ist mittlerweile ein hoch entwickeltes Gerät mit zahlreichen elektronischen Kontrolleinrichtungen. Die Prüforgane des Finanzamts können alle gespeicherten Daten auf Knopfdruck abrufen und auf ihre PCs übertragen. Der Beleg ist für den Beamten uninteressant geworden. Geprüft wird nur, ob er richtig ausgedruckt ist und auf dem Beleg alle vorgeschriebenen Daten zu finden sind. Bezahlung via Smartphone in den Geschäften beginnt sich ja bereits durchzusetzen. Auch für Gastronomen sollte es doch kein Problem mehr sein, Belege direkt auf das Telefon der Gäste zu senden. Der Gast, der die Rechnung für seine Buchhaltung benötigt, kann diese dann im Büro ausdrucken oder elektronisch an seinen Steuerberater senden. Die Kontrolle der Rechnung vor Ort kann ebenfalls direkt am Bildschirm erfolgen. Diese Art der Belegerstellung wäre jedenfalls auch manipulationssicher.

Also, liebes Finanzamt: Nicht immer nur an das vorauseilende Misstrauen dem Wirt gegenüber denken, sondern auch mal an Einrichtungen, die ihm und seinen Gästen mehr Komfort bieten und unendlich viel Müll vermeiden!

* Peter Dobcak ist Obmann der Fachgruppe Gastronomie in der Wiener Wirtschaftskammer.

263 Portionen Strafe

Peter Dobcak*

Für große Aufregung unter der Wiener Bevölkerung und der Gastronomie Österreichs hat der Entschluss eines ihrer Kollegen gesorgt, eine Strafe wegen der Übertretung des Tabakgesetzes nicht zu bezahlen. Er wolle stattdessen eine Ersatzfreiheitsstrafe von 45 Stunden antreten. Zu pfänden gab es bei dem Kollegen nichts, deshalb flatterte bei ihm auch bald die „Aufforderung zum Antritt der Ersatzfreiheitsstrafe" ins Haus. „Arrest statt Geld" war für diesen Gastronomen also der einzig gangbare Weg.

Inzwischen wissen es wohl alle – inklusive der Mitarbeiter der Behörden –, dass es die Gastronomie schwer hat. Eine ganze Branche ist, ausgelöst durch stark geänderte Rahmenbedingungen, im Umbruch. Trotzdem wird weiterhin kontrolliert und bestraft, als ob es kein morgen gäbe. Vielleicht gibt es das für die Gastronomie ja wirklich bald nicht mehr, denn das Augenmaß ist völlig verloren gegangen.

Fast scheint es, als ob man mutwillig, ja, fast verzweifelt nach Gründen sucht, um zu strafen. Warum das so ist? Eine Vermutung hätte ich da schon: Die Vorgaben für die Höhe der einzutreibenden Strafen im kommenden Jahr werden aufgrund der bisher eingetriebenen Strafen festgesetzt. Also: Wer im Jahr X viele Strafzettel verteilt hat, muss das im Jahr Y auch wieder tun. Das erzeugt „Erfolgsdruck". Aber schließlich wollen die Wahnsinnsausgaben der Stadtregierung ja finanziert werden. Leider wird übersehen, dass man dabei der Wirtschaft enorm schadet. Denn jede bezahlte Strafe verschwindet in den unergründlichen Tiefen der Gemeinde-, Landes- und Bundestöpfe und geht so der Wirtschaft größtenteils verloren.

Und weil der unersättliche Staat ja nie genug bekommen kann, werden die Strafrahmen derart hoch angesetzt, dass sie mittlerweile das wirtschaftliche Überleben der Bestraften gefährden. Dazu ein einfaches Rechenbeispiel: Nehmen wir eines von den teureren Gerichten auf der Speisekarte: Schweinsfilet im Speckmantel auf Pfeffersauce mit Braterdäpfeln. Preis: € 13,80. Sind wir jetzt großzügig und rechnen wir mit einer Gewinnspanne von 25%. Die sollte man in der Gastronomie eigentlich haben, die Praxis zeigt allerdings, dass man sich heute schon mit einer Spanne von 10% zufriedengeben muss. Netto kostet die Speise € 12,54. Ziehen wir davon Wareneinsatz, Personalkosten und andere Kosten wie Miete, Energie etc. ab, bleiben sage und schreibe € 3,14 als Gewinn vor Steuern übrig. Und jetzt brummt der Magistrat so einem „Großverdiener" eine Strafe von € 825,– inklusive Gebühren auf. Da heißt es dann stolze 263 Portionen Schweinsfilet im Speckmantel verkaufen, damit man das Geld wieder verdient hat.

Angesichts dieses Strafmaßes stellt man sich schon die Frage, welche kaufmännische Ausbildung die Damen und Herren Abgeordneten genossen haben, die diese Summen festlegten. Man braucht aber weder scharfsinniger Rechner noch Prophet sein, um voraussagen zu können, dass die Wirtschaft das nicht mehr lange durchsteht. Dann werden sich alle Verantwortlichen in den Ämtern, den Magistraten und den Parlamenten verwundert die Augen reiben, die Köpfe schütteln und auf ein Achterl gehen. In die Kantine.

* Peter Dobcak ist Obmann der Fachgruppe Gastronomie in der Wiener Wirtschaftskammer.

Danke, mir reicht's!

Willi Dorfmayr*

Mein Unheil begann 2006, als die Ölheizung nach 45 Jahren ihren Dienst quittierte. Ich entschloss mich, auf Gas umzustellen. Eine folgenschwere Entscheidung, wie sich herausstellen sollte. Der Umstieg musste bei der Bezirkshauptmannschaft gemeldet werden. Diese Meldung hatte wiederum eine Betriebsüberprüfung zur Folge. Und dabei wurde festgestellt, dass die baulichen Gegebenheiten nicht mehr dem ursprünglichen Bauplan entsprechen. In den Jahren waren im Betrieb kleinere Adaptierungen vorgenommen worden, aber nie wurde dabei von der Gemeinde eine Genehmigung verlangt. Schließlich fand ja auch keine Betriebsveränderung statt, nur die eine oder andere Adaptierung. Endergebnis: Obwohl mir die Bezirkshauptmannschaft bei der Betriebsübernahme einen positiven Bescheid ausstellte, ist nun neuerlich eine Betriebsanlagengenehmigung durchzuführen, so als würde ich mit einem völlig neuen Betrieb starten. Es ging los: eine Verhandlung mit allen zuständigen Ämtern, insgesamt neun Personen. Gleich drei davon Mitarbeiter der Bezirkshauptmannschaft: Verhandlungsführer, Sekretärin zur Mitschrift und – offensichtlich können oder wollen die beiden nicht Auto fahren – noch ein Chauffeur. Steuerzahler, was willst du mehr?

Das Verhandlungsergebnis erforderte dann derart viele Umbauarbeiten, dass es sich bis zur endgültigen Betriebsanlagengenehmigung drei Jahre lang hinzog. Die aufwendigsten Arbeiten verursachten die Brandschutzeinrichtungen. Wohlgemerkt: In den bisherigen 40 Jahren Disco hatte es keinen einzigen Brandalarm gegeben! Und: Wir hatten bereits drei Notausgänge, ein weiterer Notausstieg wäre durch ein ebenerdig gelegenes Fenster gegeben gewesen. Ich komme ja auch herum und frage mich, wie das in anderen Lokalitäten gehandhabt wird!

Jetzt kommt's aber: Selbst beim Speisenaufzug, der von der Küche in die Disco führt, wurde mir ein 1 mal 1,2 Meter Brandschutzvorhang vorgeschrieben. – Kostenvoranschlag: € 10.000,–! Bei der Montage war die erste Wortmeldung des Monteurs: „Was mach ich hier für eine Scheiße? – Wenn's brennt, müssen die Leute hier raus!" Wie viele zigtausende Euro mir alles zusammen gekostet hat, will ich gar nicht sagen. Auf alle Fälle waren für mich die Verbesserungen gleich null – na ja, zumindest war die Wirtschaft belebt.

Kaum war das erledigt, kam die unsägliche Rauchertrennung: Wieder umbauen für nichts. Dann kamen die Allergene. Kein Gast wurde dazu befragt. Die, die es wirklich betrifft, sagen, wo das Problem liegt. Und dann noch der Tupfen auf dem „i", damit ich wirklich mit 100-prozentiger Überzeugung mein Geschäft für immer schließen kann: die Registrierkasse. Lohnkosten ständig gestiegen, Promillegrenze nach unten versetzt, immer mehr zeitfordernde Bürokratie ... und jetzt noch kräftig in ein Registrierkassensystem investieren, um noch die Kontrollfunktion des Staates zu übernehmen? Nein, danke! So blöd vernarrt in den Beruf bin ich dann doch nicht!

Mein Vater war ein Vorreiter mit seiner Schankanlage, wir besitzen seit 1975 eine. Die Finanz kann jederzeit ablesen, wann und wie viele Portionen gezapft wurden. Außerdem haben wir schon seit zwölf Jahren im Restaurant eine Registrierkasse, weil es dort durch die Möglichkeit der Tischzuordnung Sinn macht. In der Disco würde ich für jede Station einen eigenen Terminal brauchen. Abgesehen von der großen Investition, die damit verbunden wäre, würde das auch den Arbeitsablauf extrem behindern. Uns bleiben schon jetzt nur wenige Stunden, in denen wir Umsatz machen können. Wenn dann unsere Mitarbeiter auch noch ständig zur Kassa rennen müssen, um zu bonieren statt Getränke rauszubringen, na, dann lohnt sich's ja gar nicht mehr.

Ich habe genug! Auch meine beiden Töchter habe ich davon überzeugt, bei der derzeitigen Gesetzgebung keinen Betrieb zu übernehmen. Und so denken momentan nicht nur Unternehmer in der Gastronomie.

* Willi Dorfmayr ist als Gastronom und Disco-Betreiber in Niederösterreich eine Legende.

Von Ausnahmen, die keine sind

Klaus Fischer*

März 2003: Drei Jahre lang hatte ich mit der Erfüllung aller gesetzlichen Auflagen und der Suche nach einem Großhändler verbracht, jetzt war es endlich so weit: Im Casino Linz wurde die einzigartige „Sueno de Lentia", die „Linz-Zigarre", präsentiert! Ohne, dass ich nur einen einzigen Politiker eingeladen hatte, traten sich die Herren gegenseitig sozusagen auf die Füße: der damalige Bürgermeister, seine Stellvertreter aus den zwei weiteren in der Regierung vertretenen Parteien sowie ein Linzer Nationalrat plus weitere Regionalpolitiker waren gekommen. Alle wollten dabei sein, wenn Linz erstmals auch als Zigarre in aller Munde ist. Und jeder der anwesenden Politiker verkostete ein Stück und zeigte sich angetan. Die Zigarre schlug sensationell ein und fand nicht nur in Linz ihre Liebhaber, keine Zeitung, die nicht darüber berichtete. Ansporn genug für mich, eine neue Mischung, eine etwas kräftigere diesmal, produzieren zu lassen. Doch im März 2005, als ich die neue Zigarre vorstellen wollte, stellten sich die Gesetzeslage und das Klima der politischen Korrektheit völlig anders dar. Mir wurde es nicht erlaubt, eine offizielle Einladung auszuschreiben. Wenn die Presse darüber berichten sollte, durfte die Zigarrenpräsentation auch nicht in einem öffentlichen Lokal abgehalten werden. Es war letztlich ein privater Partykeller, in dem still und heimlich die Zigarre aus dem stolzen Costa Rica der „Öffentlichkeit" präsentiert wurde.

Als beschlossen wurde, das Rauchen in Österreich in der Gastronomie zu verbieten, hat wohl keiner daran gedacht, dass hier im Jahre 1790 nicht nur die erste Zigarrenfabrik Europas zu finden war, sondern dass es auch noch viele bestehende Raucherclubs gibt. Einen sogenannten Suchtraucher schickt man schnell einmal für zwei, drei Minuten vor die Tür; mit einem Zigarrenraucher, der sich schon gern mal eine Stunde lang seinem Genuss hingibt, kann man das wohl nicht machen. Ein Gast, der im Lokal eine Zigarre genießt – natürlich im gesetzlich dafür vorgeschriebenen getrennten Raucherbereich, um Kinder und Nichtraucher zu schützen –, bringt dem Wirt einiges an Umsatz. Ich kenne keines meiner Zigarrenclubmitglieder, das nach dem Essen zur „Handgerollten" nicht auch eine Flasche Wein, ein Gläschen Rum oder Whisky genießt.

Ich suchte Hilfe zu diesem Thema in der Regierung! Jemanden zu finden, der sich mit dem neuen Gesetz auskannte, war ein sehr schwieriges Unterfangen. Ich wurde zigmal weiterverbunden, bis ich endlich bei einem Herrn im Gesundheitsministerium landete, der über das neue Gesetz Bescheid wusste. Er erklärte mir, dass Raucherclubs ja eine Ausnahmeregelung hätten. Diese besage, dass man sich einen Raum mieten könne, „der aber nicht mit einer Gastronomie verbunden sein darf oder – egal wie abgelegen – nur zur Gastronomie gehören dürfe". „Keine Gastronomie" heißt aber auch: keine Möglichkeit, dort offiziell etwas zu konsumieren. Ein Catering ist in diesem Raum allerdings auch verboten, da der Caterer ja den angemieteten Raum nicht betreten darf.

Als ich dann nachfragte, worin dann die tolle „Ausnahme" für Raucherclubs bestehe, wurde mir doch glatt von dem ministeriellen Fachmann erklärt, dass die Clubs die Kostens für die Anmietung dieses separierten Raums von der Steuer absetzen können! Das wäre selbst dann ein schwacher Trost, wenn Clubs und Vereine vorsteuerabzugsberechtigt wären. Sind sie aber nicht. Das dürfte der Herr im Gesundheitsministerium übersehen haben. Und nicht nur der!

Wobei eine Ausnahme gibt es schon, die ist aber genauso wenig „toll" wie die vorhin beschriebene: Hotels ist es erlaubt, einen eigenen Raucherraum zu führen. Jedoch! Es muss vom Hotelbesitzer gewährleistet sein, dass dort nichts serviert wird. Na, dann nehme ich mir doch mein Getränk von der Bar selber mit in den Raucherraum, wird sich jetzt so mancher Genießer hoffnungsfroh denken. Falsch! Auch jeglicher Konsum von Speisen oder Getränken ist dort verboten. Für die Einhaltung dieser Vorschrift haftet – natürlich – das Hotel. In der Praxis könnte das dann so aussehen, dass vor den Raucherräumen der Hotels Security-Personal postiert ist, das den strikten Auftrag hat, jeden Versuch, auch nur ein einziges Getränk in den Raucherraum mitzunehmen, sofort zu unterbinden. Angenehmen Aufenthalt!

* Klaus Fischer ist unter anderem Präsident des 1. Linzer Zigarrenclubs.

Einmal Festwirt, immer Festwirt

Hans Lothar Hofstetter*

Mein Name ist Hans Lothar Hofstetter. Geboren wurde ich 1943, von 1963 bis 2010 war ich Festwirt in fast allen Bundesländern Österreichs. Ein wunderbarer Beruf! Wenn ich nochmals auf die Welt käme, wäre ich sicherlich wieder Festwirt. Um in dieser Branche erfolgreich zu sein, war es notwendig, dass die gesamte Familie dahintersteht. Bei unserer Art der Gastronomie war es üblich, stets persönlich anwesend zu sein. Am besten der Erste am Morgen und der Letzte bei der Sperrstunde. – Wobei wir gleich beim Thema Arbeitszeit wären:

In der Hochblüte unseres Unternehmens in den Jahren 1980 bis 2000 betrieben wir bei der „Messe Wels" fünf große Bierhallen. Bereits Monate vor Messebeginn kontaktierten wir das Messearbeitsamt und meldeten unseren Bedarf an. Die Auswahl an Arbeitskräften war nicht groß, und wir mussten nehmen, was zur Verfügung stand. Zeit, die Mitarbeiter vorher entsprechend zu schulen, gab es nicht. Da half nur unsere persönliche Anwesenheit und Hilfestellung. Irgendwie schafften wir es doch, zu Beginn des Festes alle Stellen besetzt zu haben. Aber es kam, wie es kommen musste: Im Laufe einer Messewoche häuften sich die Ausfälle im Personal, die vielen Gründe, warum manche nicht zur Arbeit erschienen, will ich hier gar nicht aufzählen. Aber: Wie die freien Stellen nachbesetzen? Ein großes Hindernis damals: das Bazillenausscheidergesetz. Jeder Mitarbeiter musste einen gültigen Pass haben, der bestätigt, dass er oder sie kein Bazillenausscheider ist. Jetzt finde mal einen Mitarbeiter, der nicht nur bereit und in der Lage ist, bei einem der meistbesuchten Feste des Landes zu arbeiten, sondern auch noch so einen gültigen Pass vorweisen kann! Ganz zu schweigen von der Tatsache, dass der Pass eine Gültigkeit von einem Jahr hat. Wer sagt also, dass sich der Passbesitzer nicht gleich nach der Ausstellung des Dokuments angesteckt hat? Stimmt, das Bazillenausscheidergesetz wurde abgeschafft, aber als Festwirt musste ich mich jahrelang damit herumschlagen, und die Behörden waren damals genauso von seiner Notwendigkeit überzeugt, wie sie das heute von so mancher unsinniger Vorschrift sind.

Apropos Unsinn: Die Messe startete für die Besucher um 9 Uhr. Berechnet man die Vorbereitungszeit von rund einer Stunde, bedeutet das Dienstbeginn um 8 Uhr früh. In den besten Zeiten der Welser Messe spielt die Musik bis etwa Mitternacht oder 1 Uhr früh. Das bedeutete, dass die Mitarbeiter an den Schlüsselstellen rund 16 Stunden arbeiteten. Und das sehr gerne, da ja die Entlohnung auf Stundenbasis erfolgte. Viele unserer Mitarbeiter waren auch Studenten, die darauf aus waren, in kurzer Zeit viel Geld zu verdienen. Und viele von ihnen sind heute angesehene Juristen, Ärzte oder Geschäftsleute. Der Gesetzgeber aber schrieb einen Arbeitstag mit maximal 10 Stunden vor. Eine zweite Schicht wäre also notwendig gewesen. Aber selbst wenn man das versucht hätte –

das notwendige Personal für einen zweiten Schichtbetrieb war ohnehin nicht zu bekommen.

Kontrollen sind gut und auch wichtig ... es kommt allerdings darauf an, wie sie durchgeführt werden. Es war bei der Weinmesse in Gols um 18 Uhr: eine Szene wie nach einem Bankraub, allerdings in unserem Festzelt. 15 Finanz- und Zollbeamte besetzten die Ein- und Ausgänge unseres Festzeltes. Der gesamte Gastrobetrieb war unterbrochen. Der Grund des „Überfalls": Man wollte feststellen, ob alle Mitarbeiter im Besitz einer gültigen Arbeitsgenehmigung sind. Alles war in Ordnung, unverrichteter Dinge mussten die Beamten nach eineinhalb Stunden wieder abziehen. Begleitet von Buhrufen der Festzeltgäste. Hätte man diese Kontrolle nicht auf elegantere Weise erledigen können?

Besondere Spezialisten gab es bei der Bezirkshauptmannschaft Ried unter den Lebensmittelaufsichtsbeamten. Rieder Messe: Pünktlich zur Mittagszeit erschienen zwei Beamte in unserem Zelt und begannen ihre Amtshandlungen. Im heißesten Mittagsgeschäft musste unser Koch die „Lebensmittelpolizisten" (Ja, so hießen die damals!) zu jeder einzelnen Produktionsstelle begleiten. Kontrollen zur absoluten Hauptgeschäftszeit, Behinderung unseres Personals genau in jenen wenigen Zeitspannen, in denen man bei so einem Fest Geld verdienen kann! – Kontrollen sind gut und auch wichtig, wie gesagt, aber könnte man nicht auch etwas wirtschaftliches Verständnis mitbringen und zum Beispiel vor 10 Uhr oder nach 14 Uhr kontrollieren? Damit keine Missverständnisse aufkommen: In meinen 47 Jahren als Festwirt habe ich nur einmal eine Strafe erhalten! Ich will nur für mehr Fingerspitzengefühl seitens der Kontrollorgane plädieren.

Interessiert, wofür ich diese einzige Strafe in 47 Festwirt-Jahren erhielt? Bei einer Probenziehung hatte der Beamte meinen Mitarbeiter gefragt, wann er denn den eingefrorenen Hot Dog aufgetaut habe. Hätte der Mitarbeiter jetzt „Heute, eine Minute nach Mitternacht!" geantwortet, wäre alles okay gewesen. Der ehrliche Mann sagte aber: „Gestern, kurz vor Mitternacht." Und schon war die Strafe da. Das Gesetz besagt nämlich, dass aufgetaute Ware noch am selben Tag verabreicht werden müsse …

* Hans Lothar Hofstetter ist eine Legende unter Österreichs Festwirten. Jahrzehntelang prägten seine Zelte die größten Feste des Landes, allen voran Welser Messe und Rieder Messe. 2010 zog er sich aus dem Geschäft zurück. Als Hauptgründe nannte er Ertragseinbußen und den ständigen Personalwechsel. Hans Lothars Nachfolger, Sohn Hans-Jürgen, verkaufte das gesamte Festwirt-Geschäft und setzt seitdem auf Verleih und Handel mit Heizkanonen und Klimageräten sowie auf Immobilien. Wie man hört, leben sie seitdem glücklich und zufrieden …

Geschichten vom „Luftkellner"

Wilhelm Holzleitner*

Meine Gastroerfahrung beschränkt sich heute zwar „nur" mehr auf die Rolle des meist genießenden Gastes, vor einiger Zeit durfte ich aber auch die andere Seite intensiv kennenlernen: Als Flugbegleiter bei der Lauda-Air war ich Gastgeber, Wirt, Kellner, Barkeeper, Putzfrau, Rausschmeißer, Entertainer und Kindertante – kurz: Ich absolvierte in diesen Jahren den vielleicht härtesten, aber auch lehrreichsten Crashkurs, den die Gastro- und Tourismusbranche wohl bietet. Mich störte auch nicht, dass der Großteil meines (männlichen) Bekanntenkreises meine Euphorie über den neuen Job als Flugbegleiter nicht wirklich teilte und wenig despektierlich unkte: „Wos, a Luftkellner wirst jetzt?"

Käse schließt den Magen ... nicht! In einem sechswöchigen Schnellsiederkurs wurde uns Flugbegleitern alles Notwendige beigebracht, um bis zu 13 Stunden lange Bewirtungsorgien in 11.000 Metern Höhe zu überstehen. Ganz besonders gern erinnere ich mich an unseren Kursleiter Christian B., der mit dem Satz „Käse schließt den Magen" eine innige Feindschaft hegte: Gewiss zwei Dutzend Mal erwähnte er in den Schulungswochen diese nicht mehr aus den Köpfen zu bekommende Gastro-Weisheit, immer mit der Anmerkung: „Das ist der größte Blödsinn und Irrtum, den es beim Essen gibt. Ich will diesen Mist *niemals* von euch hören!" Als ich Monate später bereits im Flugeinsatz stand, wollte es der Zufall, dass ich mit Herrn B., der in der Rolle des „Chef de Cabin" ebenfalls über den Wolken servierte, nach Bangkok flog. Ich arbeitete mit ihm in der Businessclass – der Menüplan sah zu dieser Zeit vor, dass wir zu zweit mit einem Käsewagen in die Kabine fuhren. In Erinnerung an sein „Käse-Magenschließtrauma" konnte ich bei unserer gemeinsamen Käsewagentour durch den Gang der Boeing 767 gar nicht anders, als gleich beim ersten Passagier loszulegen: „Darf's noch ein bisschen Käse sein? Käse schließt doch bekanntlich den Magen!" Noch in der Kabine und vor dem Fluggast bekam ich ein nicht wirklich dezentes: „Woooos host du do grad gsogt?" Und den folgenden Anschiss in der Bordküche hörte man wohl bis in die Economyclass, obwohl diese erst bei Reihe 11 begann …

Die Arbeit in der engen Flugzeugkabine samt Miniküche ohne echtes entsprechendes Equipment (lediglich der Heißluftofen, mit dem die angelieferten Speisen aufgewärmt wurden, erinnert zumindest in Ansätzen an eine Küche am Boden) war geprägt von Improvisation und somit eine echte Herausforderung. Noch herausfordernder gestaltete sich jedoch der Umgang mit den Passagieren. Damals schwänzelten wir Flugbegleiter mit schwarzen Anzügen und einem roten Mascherl (urgh!) durch die Kabine, was einen durchaus formidablen Eindruck machte und einen Anflug von Haubenrestaurant vermittelte. Speziell bei Flügen ins thailändische Phuket, aber auch in die Dominikanische Republik strömte uns

Flugbegleitern in der „Holzklasse" ein hochgradig intensiver, herber Charme entgegen.

Einen guten Anlass, als Passagier jeglichen Anflug einer Kinderstube hinter sich zu lassen, bot die Fütterung – äh, Essensausgabe. Die Fluggäste konnten damals zwischen zwei Gerichten wählen. Für den Flug von Phuket nach Wien etwa bot der in Sachen Qualität wirklich famose Caterer Do&Co ein „Filet vom Plakabong" – ein erstklassiger asiatischer Fisch aus der Andamansee – und ein klassisches Wiener Schnitzel zur Auswahl an. Wer die lukullischen Vorlieben der Mehrheit der Österreicher kennt, weiß: Uh, eine gewagte Auswahl! Und so kam, was kommen musste: Bereits knapp nach der Hälfte der Sitzreihen war das „Ein Schnitzi bitte"-Menü aus. Es gab nur mehr den Plakabong. Was folgte, waren menschliche Tragödien in höchsten Höhen. Nie hätte ich mir gedacht, dass der von einem „Luftkellner" ausgesprochene Satz „Es tut mir leid, ich habe nur mehr den Fisch" in Verbalinjurien und der Androhung von tätlicher Gewalt enden könnte. Antworten bei der Bestellannahme wie „Schleich di, i hob jetzt zwa Wochn nur an Fisch gfressn, i wü mei Schnitzl, sunst passiert wos!" waren noch die jugendfreien Versionen.

Um derlei unangenehme Servicebewertungen künftig hintanzuhalten, änderte die Lauda-Air die Menüzusammenstellung nach wenigen Wochen: Fortan konnten die „werten" Gäste zwischen Kalbsrahmgulasch und – no na – Wiener Schnitzel wählen. Die heimische Luftfahrt war gerettet.

Aber auch die „gehobenen" Gäste der Businessclass waren trotz perfekter gastronomischer Betreuung zuweilen im Tiefflug unterwegs. Speziell bei Bangkok-Flügen saßen dort damals mehrheitlich Schnauzbart- und Ruderleiberlgäste. Wir Flugbegleiter zogen in der Businessclass unsere Show ab: Serviert wurde nur vom Vorlegewagen, egal ob Blinis mit Sevruga-Kaviar, Ravioli vom Hummer, Sachertorten-Parfait oder Variationen exotischer Früchte.

Auf einem Businessclass-Flug von Fernost nach Wien durfte ich einen ganz besonderen Vertreter der Spezies Sextourist betreuen. Die Erscheinung kam daher, als würde sie hauptberuflich für den mittlerweile leider verstorbenen Cartoonisten Manfred Deix als Model fungieren: gekräuselte Dauerwellen, Hawaiihemd, auch das eine oder andere Tattoo fehlte nicht. Auf die dicke Goldkette wurde zwar verzichtet, dieses Manko machte aber eine nicht minder fette Breitling-Armbanduhr mehr als wett. Wobei man wissen muss, dass es derlei „Original-Luxusuhren" in Bangkok bereits um wohlfeile 15 Euro gibt. Am Nebensitz ein verschüchtertes thailändisches Mädel, das den Eindruck erweckte, das erste Mal überhaupt in einem Flieger zu sitzen. Bis zum Beginn des Services war von der Dame nichts zu hören – und eigentlich auch sonst nix zu bemerken. Sie machte vielmehr den Anschein, gar nicht hier sein und im Boden versinken zu wollen. Umso „eleganter" und präsenter ihr Begleiter: Auf „a Glasl Schampus" (der in der Businessclass inkludiert ist) folgte ein zweites und drittes. Als flankierende Maßnahme dann – schließlich galt es, Klischees ordnungsgemäß zu bedienen – „a Ottakringer". Und seine asiatische Begleitung? Die schaute nur verschämt zu Boden und deutete auf jede Frage, was sie denn gerne wolle, mit dem Kopf und den Händen so etwas wie ein „Nein, danke".

Nach einiger Zeit schnippte mich ihr Begleiter mit einem stets gern gehörten „He Chef!" herbei. Er war ganz offensichtlich rührend besorgt, weil seine frisch Auserwählte so gar keinen Hunger zu haben schien. Doch er wusste einen Ausweg: „Herst, host du vülleicht an Reis für mei Oide? I hobs gaunz frisch aus Bangkok mit und sie isst nur an Reis." Ich konnte dem Reisenden helfen, da es in der Economyclass ein Gericht mit Reis gab. Schließlich lautete unser Motto damals bei Lauda-Air: „Service is our Success". Über alles andere schweigt ein guter Gastgeber – mit kleinen Ausnahmen …

* Wilhelm Holzleitner ist Redakteur des Stadtmagazins LINZA!

Der „Fall Malakoff"

Hermann Hüthmayr*

Es war im Jahr 1994. Einer der traumhaft schönen „goldenen Herbsttage" im Almtal. Sonne pur, der Wald im bunten Herbstlaub, angenehme Temperatur. Ein Tag, an dem man in die Berge muss, wenn's irgendwie geht.

So kamen schon früh an diesem wunderbaren Herbstmorgen die ersten „Kasberg-Gipfelstürmer" die sechs Kilometer lange Bergstraße zum Hochberghaus heraufgefahren. Man wollte möglichst bald auf Kasberggipfel oder Spitzplaneck, die traumhafte Herbstlandschaft genießen und beim Aufstieg die frische Wald- und Bergluft atmen! Es war ein sogenanntes „Traumtagerl". Alles wurde für das Tagesgeschäft vorbereitet. „Nebenbei" war es für uns ziemlich stressig, da ja – es war Ende September – die Ski-Wintersaison vor der Türe stand. Schließlich hatten wir noch unsere Kasbergalmhütte und das sogenannte „Liftstüberl" für das bevorstehende Skigeschäft zu rüsten. Damit auch alles läuft, nichts friert, ordnungsgemäß eingewintert ist. Jedes Teil musste ziemlich kompliziert über Seilbahn und mit Skidoo herangeschafft werden. Und jede Vergesslichkeit kann im Winter schlimme Folgen haben.

Die ersten „Hürden des Tages" waren genommen: Besuche von Vertretern mit all den damit zu beantwortenden Fragen: Was kaufen wir in welchem Umfang zu welchem Preis bei welcher Firma ein? Passen auch die Mengen? Wird's ein guter Skiwinter, haben wir zu wenig, wird's ein schlechter, haben wir zu viel eingekauft …

Dazwischen: Vorstellungsgespräche (wird's ein guter Winter, brauchen wir mehr Mitarbeiter, wird's ein schlechter, …). Wann kommt der erste Schnee, also, bis wann müssen die Wintereindeckungen geliefert und gebunkert sein? Ist ja schließlich alles nicht so einfach mit dem Lastwagen auf 1.700 Meter Höhe auf die Kasbergalm zu liefern!

11.30 Uhr: Die ersten Frühaufsteher haben den Gipfelsturm schon genossen und kommen zum Hochberghaus zurück. Hoffentlich, um bei uns einzukehren und sich mit einem Hochberghaus-Pfandl zu stärken! Schnell die Checklisten für die Wintereindeckung und die aus 20 Jahren Hüttenwirterfahrung gesammelten Aufzeichnungen im Büro verstaut, und ab ins „Service" zu den gut gelaunten Bergsteigern auf die Terrasse! Was haben meine Mitarbeiter und ich nicht für einen tollen Arbeitsplatz! Nette Gäste, die die Rast nach dem „Gipfelsteig" am Hochberghaus genießen und froh sind, den Autokarawanen, Parkplatzproblemen, lärmenden Straßen und dem Stress der Stadt entflohen zu sein!

Aber, halt! Da kommt um 11.45 Uhr noch ein Gast! Er war sicher noch nicht am Gipfel. Halbschuhe, Aktentasche, strenge Miene! Aber klar, wir kennen uns, es ist der Herr von der „Lebensmittelaufsicht". Kurze Begrüßung und an die Arbeit! Routinekontrolle, wie immer, ein- bis zweimal pro Jahr! Die Vorgangsweise kennen wir: Ablaufdatum? Okay! Zitronensäure im Eiswasser, alles super geputzt, Desinfektionsmittel, Gesundheitspässe der Mitarbeiter? Passt! Einige kleine Beanstandungen, man sitzt gemeinsam am Tisch, mit bester Aussicht auf die Berge! Alles gut, keine ernsthaften Probleme? Herr Lebensmittelinspektor fragt nach der Speisekarte. Ah, das ist neu: Der Herr Beamte will an diesem wunderbaren Herbsttag am Berg bei uns Mittag essen, das freut mich! Geirrt! Statt Bestellung wird streng nachgefragt:

Lebensmittelaufsichtsbeamter (LAB): Herr Hüthmayr, Sie haben auf Ihrer Speisekarte „Malakofftorte" angeboten. Machen Sie die selbst?

Ich: Nein, die macht mein Koch nach einem Rezept meiner Großmutter!

LAB: Alles hausgemacht?

Ich: Natürlich, wir sind stolz auf unsere Malakofftorte, von der wir auch viel verkaufen!

LAB: Und wie schaut das Rezept aus, mit welchen Zutaten?

Ich: Da müssen Sie meinen Koch fragen, der produziert mit seinen Küchenleuten diese Torte, wie gesagt, etwa seit 20 Jahren nach dem gleichen Rezept meiner Großmutter!

LAB: Okay!

LAB geht in die Küche. Es ist 12.30 Uhr, also voller Küchenbetrieb. LAB befragt unseren Koch genau nach dem Rezept, nach den Zutaten, nach der Frische unserer Malakofftorte! Ich kümmere mich in der Zwischenzeit um meine netten Gäste. LAB kommt mit zwei in Spezi-

al-Plastiksackerln verpackten Hochberghaus-Malakoff-torten zurück und befragt mich weiter!

LAB: Herr Hüthmayr, der Koch hat mir mitgeteilt, Ihre Malakofftorte nach Omas Rezept wird aus einer Hälfte Butter – also Milchfett – und einer Hälfte Margarine hergestellt! Stimmt das?

Ich: Natürlich stimmt das.

LAB: Wissen Sie, dass es *(Anm.: relativ neu zu dieser Zeit!)* einen Kodex gibt, nach welchem eine Malakofftorte nur aus Milchfett gemacht werden darf?

Ich: Nein, das ist mir leider nicht bekannt. Und meinem Koch offensichtlich auch nicht!

LAB schreibt ein Protokoll.

LAB: Bitte Herr Hüthmayr, lesen Sie sich das durch und unterschreiben Sie's! Und hier noch zwei Formulare zur Bestätigung, dass ich die beiden Proben mitnehme. Bitte beide unterschreiben, eines bleibt bei Ihnen.

Ich will gerade unterschreiben, da fällt mir plötzlich etwas ein.

Ich: Ach Herr LAB, könnten Sie mir auf einem Zusatz noch bestätigen, dass sowohl ich als auch der Koch von vornherein angegeben haben, dass unsere Torte zur Hälfte aus Milchfett, also Butter, und zur anderen Hälfte aus Margarine gemacht ist?

LAB: Wozu?

Ich: Weil ich keine Proben bezahlen möchte, wenn Sie doch jetzt schon wissen, dass die Torte nicht Ihrem Kodex entspricht. Und ich weiß, dass sonst die Torte frisch und 100% in Ordnung ist!

Widerwillig schreibt Herr LAB einen Zusatz, dass er über die Machart 50% Butter und 50% Margarine von Herrn Hüthmayr und dem Koch ehrlich aufgeklärt wurde. Ich unterschreibe seine Papiere, verabschiede mich und widme mich wieder meinen, inzwischen vielen, vom Berg glücklich zurückgekehrten Gästen.

Der Winter kommt, das Geschäft läuft gut, wir konzentrieren uns auf die Arbeit. Da unterbricht plötzlich der Postbote meine „Geschäftigkeit“: eine Verständigung über ein für mich hinterlegtes Schriftstück. Also muss ich ins Tal, um meinen „eigenhändigen“ Brief von der Bezirkshauptmannschaft auszulösen. Ende Februar! Hochsaison! Na ja. Inhalt des Briefes mit Absender Bezirkshauptmannschaft: Strafverfügung wegen Inverkehrbringens verfälschter Lebensmittel, macht für Kostprobeziehung plus Strafe rund 7.500,– Schilling (€ 560,–).

Ich koche vor Wut und wende mich an die Wirtschaftskammer (WKO). Man schickt mich zu den „Spezialisten“ in Linz. Gesprächsergebnis: *„Es tut uns leid, Herr Hüthmayr, aber das sind die Kodex-Vorschriften, welche Sie nicht eingehalten haben, und das ist Gesetz, und wir können Ihnen in diesem Fall absolut nicht helfen.“*

Mit dem zornigen Gefühl, von meiner „Standesvertretung“ im Stich gelassen worden zu sein, fahre ich zurück ins geliebte Almtal! Durch meine vielen netten Zusammenkünfte mit dem ORF-Landesstudio in Linz habe ich dort bis heute viele Freunde.

Mit einem davon, einem Mitarbeiter des aktuellen Dienstes, komme ich im Hochberghaus auf die Ungerechtigkeit mit der Malakofftorte zu sprechen. Mein publizistisch tätiger Feund, nennen wir ihn den „Rechercheur", findet die Story interessant und verspricht mir, darüber nachzudenken.

Der „Rechercheur" forscht über die Entstehung der Malakofftorte und findet schnell heraus, dass es hier kein fixes, geschütztes Rezept gibt, wie das etwa bei der Sachertorte der Fall ist. Also, wozu ein Kodex? Wo der doch übrigens schon ein Jahr später – sofort nach Beitritt zur EU – gestrichen wurde. Mein „Rechercheur informiert sich juristisch und rät mir, sofort gegen den Strafbescheid über 7.500,– Schilling zu berufen. Ohne Angabe weiterer Gründe. Was ich natürlich prompt erledigte!

Der Ball liegt wieder beim Amt. Der „Rechercheur" recherchiert tüchtig weiter. Schnell hat er die Entstehungsgeschichte der Malakofftorte eruiert: Ein französischer Feldherr hatte in Russland für Napoleon die Festung Malakoff erobert! Bei seiner Rückkehr nach Paris wurde der Feldherr groß gefeiert und zum „General von Malakoff" ernannt. Zum großen Fest gab's die Lieblingstorte des Eroberers – eine Torte aus „Biskuit und Creme". Diese Torte wurde in Frankreich als Malakofftorte in verschiedensten Varianten bekannt und verbreitete sich auf ganz Europa.

Anfang März. Post vom Bezirksgericht Wels! Ab ins Tal, um den Brief abzuholen! Vorladung zu einer

Verhandlung wegen „Inverkehrbringens verfälschter Lebensmittel"! Sofort wurde der Rechercheur in Alarm versetzt! Dieser meldete in den lokalen Nachrichten von der geplanten Bestrafung eines Hüttenwirtes. Die Lawine war losgetreten! *Kurier, Oberösterreichische Nachrichten* und *Volksblatt* schrieben über den „Fall Malakofftorte mit Beamtenwillkür!". Und schau, plötzlich eine Woche später in den Kammernachrichten auf der Titelseite: „WENN DER AMTSSCHIMMEL WIEHERT". Im Innenteil ein zweiseitiger Bericht über meinen „Fall". Inzwischen bereitete der „Rechercheur" einen Live-Bericht aus dem Gerichtssaal für die TV-Sendung *„Oberösterreich heute"* vor. In diesen Tagen klingelte das Telefon bei mir:

Vera: Grüß Gott, Herr Hüthmayr, hier ist Vera Russwurm, darf ich Sie kurz stören?

Vera war zu dieser Zeit absolute Quoten-Queen im ORF!

Ich: Natürlich gerne.

Vera: Herr Hüthmayr, ich habe über Ihre „delikate" Geschichte mit der Malakofftorte im Kurier gelesen und wollte Sie in meine Sendung „Vera" einladen! Denken Sie darüber nach und rufen Sie mich zurück!

Ich rief sofort meinen „Berater", den „Rechercheur" an. Der hatte gleich eine Strategie: „In drei Wochen ist der Verhandlungstermin in Wels. Wir berichten davon im Radio, und wenn du verurteilt wirst, fährst du zu Vera in die Sendung!"

Bezirksgericht Wels, die Hauptverhandlung: Schon am Tag davor war im Radio vom bevorstehenden „Malakofftortenprozess“ zu hören. Vor dem Gerichtssaal der ORF-Radioreporter, mein ebenso vorgeladener Koch als Zeuge und ... Herr LAB!

Im Gerichtssaal: Der ganze Fall wurde aufgerollt. Ich hatte keinen Rechtsanwalt, verteidigte mich selbst! Ich musste ja nur die Tatsachen weitergeben! Und eine Beschwerde musste ich auch loswerden: Warum ich für die Proben bezahlen müsse, wo wir doch von vornherein gesagt hätten, wie die Torte erzeugt wird? Als Herr LAB plötzlich behauptete, wir hätten das nie gesagt, zog ich das Protokoll mit dem Zusatz hervor. Pech für Herrn LAB, der somit der Falschaussage überführt wurde.

Nach rund einer halben Stunde der Richterspruch: *„Herr Hermann Hüthmayr wird aufgrund Inverkehrbringens verfälschter Lebensmittel zu einer Geldstrafe von 9.500,– Schilling (ca. € 700,–) plus Gerichts- und Verfahrenskosten, also insgesamt 14.500,– Schilling (ca. € 1.000,–) verurteilt!“* Jedes Wort war im Radio zu hören! Gleich nach der Verhandlung rief ich in der Redaktion von „Vera“ an und sagte für die Show zu!

Der Tag der Show! Wir hatten vier Malakofftorten im Gepäck – zwei nach unserem Rezept, zwei nach dem „Kodex“. Bei Vera am Podium lag ein Stapel Kochbücher. Ich schilderte den Hergang, Vera erzählte den Sehern Details über die Geschichte der Torte, sie blätterte in den Kochbüchern und ... dann kam's: In keinem einzigen war ein Rezept zu finden, in dem eine Malakofftorte mit „reinem Milchfett" hergestellt wurde! Also von wegen Kodex! Verkostungen im Publikum ergaben, dass der Unterschied zwischen den beiden Rezepten geschmacklich auch nicht festzustellen war. Veras Schlussworte waren dann Werbung der unbezahlbaren Sorte für uns: „Wenn Sie auch ein Stück von dieser herrlichen Torte möchten, müssen Sie nach Grünau aufs Hochberghaus!"

Die Strafe habe ich bezahlt. Es gab auch noch einen runden Tisch mit der Handelskammer, bei der sich Herr LAB für die Falschaussage entschuldigte. Und so fand der „Fall Malakoff" sein Ende. Da die alten „Spielregeln" der Republik in der Europäischen Union außer Kraft gesetzt worden waren, verkauften wir wieder Malakofftorten nach Omas Rezept.

Was blieb: Meine Vorstrafe nach dem Lebensmittelgesetz. Wegen einer Malakofftorte!

* Hermann Hüthmayr, Alt-Wirt am Hochberghaus, Grünau/Almtal (Oberösterreich)

Schwer geprüft von „meiner" Kammer

Gustav Klenner*

Meine Eltern starteten 1956 mit einem Café-Restaurant in Haid/Ansfelden (Oberösterreich) und bauten Ende der 1960er-Jahre ein Motel mit 20 Betten und einem kleinen Restaurantbereich für kleine Gerichte.

Nachdem ich die Schule beendet hatte, begann ich 1968 meine Lehre als Kellner in einem Linzer Hotel, um künftig eventuell den Betrieb meiner Eltern zu übernehmen. Die Lehrabschlussprüfung legte ich im Sommer 1971 mit sehr gutem Erfolg ab, arbeitete dann einige Monate zu Hause, um im Frühling 1972 anlässlich der Olympischen Spiele in einem sehr renommierten Hotel in München verschiedene Stationen – vom Commis de Rang bis zum Barchef – zu durchlaufen. Ende der 1970er-Jahre kehrte ich nach Österreich zurück, um meine Eltern zu entlasten. Ich übernahm das Café-Restaurant in Eigenregie, tätigte größere Investitionen und ging voll und ganz in meiner Rolle als Gastronom auf. In den folgenden Jahren belegte ich verschiedene Fortbildungskurse wie Barmixen, Buchführung und einen Jungunternehmer-Lehrgang, mein Lokal führte ich mit großem Einsatz und Erfolg.

Ende 1984 sollte ich das Motel übernehmen. Mein Vater war zwischenzeitlich verstorben und meine Mutter wollte in den wohlverdienten Ruhestand. Wir sahen kein Problem und bereiteten einen Übergabevertrag vor. Den reichten wir mit allen Unterlagen bei der zuständigen Bezirkshauptmannschaft ein.

Dort erklärte man uns, dass wir die Zustimmung der Kammer benötigen würden. Der Grund: In meiner Konzession, die ich 1976 aufgrund meiner Ausbildung und Berufserfahrung erhalten hatte, wäre der Punkt Beherbergung nicht beinhaltet. Kein Problem, nur eine Formalität, die Kammer vertritt ja meine Interessen … dachte ich! Weit gefehlt: „Meine" Standesvertretung legte sich total quer und bestand auf eine Konzessionsprüfung, die man mittlerweile eingeführt hätte. (Als ich meine Gewerbeberechtigung erhielt, gab es diese Prüfung noch gar nicht. Mein Argument, dass ich diese Prüfung damals deshalb auch nicht absolvieren hatte können, zählte in der Kammer nicht.)

Man bedenke: Ich war inzwischen seit 16 Jahren in diesem Gewerbe tätig, führte seit sieben Jahren einen Betrieb mit sechs Angestellten, in welchem sieben Tage die Woche, von 8 Uhr morgens bis 4 Uhr früh, Gäste mit Speisen und Getränken zu ihrer vollsten Zufriedenheit versorgt wurden. Ich zahlte meine Kammerumlage, war weder ein säumiger Steuerzahler, noch jemals straffällig geworden. Doch all diese Argumente zählten nicht, sämtliche Nachweise und persönlichen Gespräche mit den verantwortlichen Herren der Wirtschaftskammer führten zu keinem Ergebnis.

In meiner Not wandte ich mich an die Landesregierung und geriet dort zu meinem Glück an einen äußerst kompetenten Hofrat. Seine Worte werde ich nie vergessen: „Den Herrn Wirtschaftskammer-Obmann rufe ich sofort an. Die Landesregierung befürwortet Ihr Anliegen, und die Kammer hat das ebenfalls zu tun!"

Zwei Tage später erhielt ich die Zustimmung der Wirtschaftskammer! Kommentarlos. Ich freute mich natürlich, aber irgendwie hinterließ das einen Nachgeschmack, den ich bis heute nicht ganz losgeworden bin.

* Gustav Klenner, Ex-Gastronom mit langjähriger Erfahrung.

Konspirative Anrufe

Paul Mayrhuber*

In meiner früheren Tätigkeit bei der Wirtschaftskammer Oberösterreich, Sparte Tourismus, erreichte mich eines Tages ein eigenartiger Anruf. Der Herr am anderen Ende der Leitung fragte mich, ob ich mich für einen Betrieb interessiere, der regelmäßig seine Aushilfen nicht anmelde. Misstrauisch, aber dennoch neugierig geworden, antwortete ich mit Ja. Der Anrufer nannte mir den Namen des angeblichen „Missetäters". Es handelte sich um einen Betrieb, den ich als Leitbetrieb im Salzkammergut kannte und der gesellschaftlich mit dem Land Oberösterreich verbunden war. Außerdem war mir der damalige Direktor des Hotels persönlich als äußerst genaue und kompetente Person in Erinnerung. Es erschien mir auch als äußerst unglaublich, dass ein Betrieb dieser Größe unangemeldete Aushilfen beschäftigen würde. Dem Hotel würde durch Nichtangabe von Betriebsausgaben im Endeffekt ja nur ein wirtschaftlicher Schaden erwachsen. Ich traute dem Anrufer also nicht, rief aber dennoch gleich im genannten Haus an. Dort erfuhr ich, was ich ohnehin vermutet hatte: Bei dem „Informanten" handelte es sich um einen ehemaligen Mitarbeiter. Er war aufgrund von Unregelmäßigkeiten gekündigt worden und wollte sich rächen, indem er nicht nur dem Betrieb, sondern auch seinen ehemaligen Kollegen Schaden zufügen wollte. Schon am darauffolgenden Wochenende kam der erste „konspirative" Anruf. Der „Informant" klärte mich auf, wann ich zeitlich „mit meinen Beamten zuschlagen" könne und welche „Hintertüren" zu überwachen seien. So ging es einige Zeit weiter. Bis mir die Sache zu blöd wurde und ich den Anrufer über den Sachverhalt aufklärte.

Man sieht, wie groß die Gefahr für einen Gastronomen ist, durch missgünstige Mitarbeiter in Schwierigkeiten zu geraten. Wenn so ein anonymer Anruf ernst genommen und mit einer Untersuchung reagiert wird. Man kann sich vorstellen, was ein überfallsartiger Einsatz einer Behörde am Wochenende für Gäste, Mitarbeiter und Geschäftsführung bedeutet hätte. Alleine die Rufschädigung kann für so manchen Betrieb existenzbedrohend sein.

* Paul Mayrhuber ist Wirtssohn und war viele Jahre leitender WK-Mitarbeiter.

Die gastronomische Todesspirale

Paul Mayrhuber*

Mit diesem Beitrag soll in keiner Weise ein System von unangemeldeten Mitarbeitern und unversteuerten Einnahmen reingewaschen werden, es soll nur aufzeigen, unter welchem Zwang viele Betriebe stehen. Dass ein Gasthaus, vor allem am Land, von Wetter, Veranstaltungen und Wochenendausflüglern abhängig und dass diese Abhängigkeit kein Honiglecken ist, kann man sich unschwer vorstellen. Alleine die Warenlagerhaltung ist Risiko pur. Jeden Tag die bange Frage nach dem Wetterbericht. Bei Sonnenschein geht der Laden über, kommt Regen, bleibt er vollends leer. Hier helfen nur noch verlässliche regionale Lieferanten, bei denen kurzfristig disponiert werden kann. Und eine große Tiefkühltruhe.

Noch viel aufwendiger ist das Problem mit dem Personal. Treue Mitarbeiter, die fernab jeder gewerkschaftlichen und arbeiterkämmerischen Vorstellung ihre Arbeit zu jener Zeit verrichten, an der es betrieblich erforderlich ist, werden immer seltener. Aber was tun, wenn sich zum Beispiel spontan eine 40-köpfige Reisegruppe anmeldet und in einer Stunde da sein will? Ein Glück für den, der neben immer einsatzfähigen Familienmitgliedern von der Oma bis zu den Schulkindern auch noch ein paar Aushilfen hat.

Aber da beginnt das Problem. Auch wenn sich der haarsträubend bürokratische Aufwand einer Anmeldung zur denkbar ungeeignetsten Zeit in letzter Zeit etwas vereinfacht hat, so wollen viele Aushilfen gar nicht angemeldet werden. An Argumenten werden angeführt: „Mein Mann verliert ansonsten womöglich den Alleinverdiener-Freibetrag, die Steuer und die Sozialversicherung nehmen mir wieder alles weg" und so weiter. Früher gab es die einfache Regelung, dass Aushilfen im Nachhinein gesammelt gemeldet und dafür lediglich die Unfallversicherung abgeführt werden musste. Die Mitarbeiter waren damit versichert, die Höhe der Unfallversicherung akzeptabel.

Der Bus ist im Anrollen, der Wirt braucht seine Aushilfe. Jetzt und sofort! Und er steht nun vor dem Dilemma, dass er die Aushilfe entweder privat aus seiner eigenen Schatulle bezahlt – sprich: mit bereits versteuertem Gewinn – oder aus unversteuerten Einnahmen. Über allem das ständig lauernde Damoklesschwert einer überfallsartigen Überprüfung der Behörde. Diese Spirale mündet dann in einer mangelnden Eigenkapitaldecke. Werden dann Kredite notwendig, um den Betrieb instand zu halten, gibt's ein „Nein!" von der Bank. Das Endresultat dieser Spirale aus Unsicherheit, permanentem Druck und bürokratischer Belastung drückt sich in immer mehr geschlossenen, einst blühenden Landgasthäusern aus. Der Nachwuchs tut sich so ein Leben nicht mehr an. Die Leidtragenden sind letztendlich wir alle!

* Paul Mayrhuber ist Wirtssohn und war viele Jahre leitender WK-Mitarbeiter.

Ein Wirtssohn vom Land erinnert sich

Paul Mayrhuber*

Meine Erinnerungen an die Kindheit als Spross einer gastronomischen Familie gehen viele Jahrzehnte zurück. Auf eine nach heutiger Sicht sehr bescheidene Zeit etliche Jahre nach Ende des Zweiten Weltkrieges. Und es war für mich eine schöne Zeit. Zwar hatte kaum jemand Zeit für uns, aber in einem großen Haus mit Stall, Heuboden, Garten, Pferden, Kühen, Hunden, Schweinen und Hühnern war uns dies eigentlich ganz recht. Dazu gab's die wunderbare Wirtshausküche meiner Oma. Unser Opa war ein Bilderbuchwirt, der sich nicht nur um den Betrieb mit seinen zahlreichen Mitarbeitern sorgte, sondern auch als Feuerwehrhauptmann, Musikobmann und Kommunalpolitiker für das Allgemeinwohl da war. Unsere Mutter, die spätere Wirtin, hatte es als Alleinerzieherin nicht leicht mit uns. Da niemand für uns Zeit hatte, waren wir natürlich viel „auf der Gaudi"! Das Vereins- und Gemeinwesen spielte sich ausschließlich in den örtlichen Wirtshäusern ab. Pfarrer, Bürgermeister und Apotheker kamen jeden Donnerstag zur Tarockpartie und rauchten genüsslich ihre Virginia. Ob Musik-, Chorprobe oder Vereinssitzungen, alles spielte sich im Wirtshaus ab. Im Fasching waren die Bälle der Feuerwehr, Musik und der Sportvereine die gesellschaftlichen Ereignisse schlechthin. Ruhetag gab's keinen. Jeden Sonntag nach der Messe war die Wirtsstube brechend voll. Nur am Heiligen Abend wurde ab 20.00 Uhr geschlossen. Mein guter Freund und Landesjägerpfarrer Hermann Scheinecker drückte es in seiner Art bei einer Veranstaltung so aus: „Die wichtigsten Institutionen einer Gemeinde sind die Kirche und das Wirtshaus!"

Aber wie schaut es heute aus? Die großen und meist historischen Landgasthäuser sind erhaltungstechnisch eine einzige Belastung. Die behördlichen Auflagen alleine in bautechnischer Hinsicht (z. B. Barrierefreiheit, Nichtraucherschutz, Fluchtwege usw.) kaum noch leistbar. Das Vereinsleben spielt sich weitgehend in den perfekt eingerichteten Vereinsheimen und Probelokalen in öffentlichen Gebäuden ab. Bezahlt großteils aus Steuergeldern oder aus den Einnahmen von steuerbefreiten Vereinsfesten. Der Sonntagsfrühschoppen im Sommer ist so gut wie ausgestorben, da jedes Wochenende ein Zelt-, Hütten- oder Waldfest das andere jagt. Dazu kommen die ebenfalls steuerbefreiten öffentlichen Frühschoppen der Pfarre und diverser Vereine, die zwar für volle Plätze um Kirche oder Marktplatz sorgen, aber gähnend leere Gaststuben zurücklassen. Fixes Personal ist kaum noch rentabel und leistbar. Dies führt automatisch zur totalen Selbstausbeutung der Wirtsleute.

Die Politik schaut dieser Entwicklung seit vielen Jahren tatenlos zu. Im Gegenteil: Die steuerbefreite Ausschank für gemeinnützige Vereine – früher nur in Zusammenarbeit mit einem Gastronomen möglich – wurde großzügig mit den Stimmen aller Parlamentsparteien geregelt. Entscheidend für die Politiker ist ausschließlich die Anzahl der zu erwartenden Wählerstimmen. Und die sind halt bei Vereinen leichter zu holen als bei ein paar Wirtsleuten. Für die Kommunen, die ja zum Beispiel gesetzlich für den Erhalt der Feuerwehren verpflichtet sind, bedeuten die reichlichen Einnahmen der Silberhelme eine erfreuliche finanzielle Entlastung der Gemeindekassa. Und eine willkommene Auftrittsmöglichkeit für den Bürgermeister sind solche Feuerwehrfeste allemal.

Die Kritik soll sich hier in keiner Weise an die so notwendigen und selbstlos agierenden Organisationen wie Freiwillige Feuerwehr, Rotes Kreuz oder Musikverein richten. Vielmehr geht es um den sehr ausgedehnten Begriff der „Gemeinnützigkeit", der sich bis zu jeder „Haglsteckerpartie" streckt. Auch die öffentliche Bekanntgabe des gesetzlich verlangten Zieles der gemeinnützigen Einnahmenverwendung wird so gut wie nie praktiziert und kontrolliert.

Der Gastronomie dagegen legt man mit überbordender Bürokratie, mit Rauchverbot, Allergenverordnung, Kassenzettelwirtschaft usw. unzählige Stolpersteine in den Weg. Anstatt alles zu unternehmen, um diesen Wirtschaftszweig im Sinne der Ortskommunikation, der Versorgung und des Tourismus so gut wie möglich zu fördern!

* Paul Mayrhuber ist Wirtssohn und war viele Jahre leitender WK-Mitarbeiter.

Arbeitsfähig? Ja, aber ...!

Anonym*

Wir haben viele Gastronomen unter unseren Klienten. Einer davon hatte eine Mitarbeiterin, die als Küchenhilfskraft geringfügig beschäftigt war. Neben diesem Zweitjob hatte die Dame einen Hauptjob als Verkäuferin in einer Bäckerei. Aufgrund eines Freizeitunfalles befand sich die Küchenhilfskraft über mehrere Wochen im Krankenstand. Wie lange dieser dauern würde, wusste der Wirt nicht.

Doch ein Wirt erfährt viel. So wurde ihm auch eines Tages zugetragen, dass seine Küchenhilfe schon fleißig in ihrem Hauptjob in der Bäckerei im Einsatz wäre. Mein Klient rief die Dame sofort an. Krankenstand in der einen Beschäftigung und arbeiten in der anderen – das ginge doch nicht! Die Küchenhilfe nutzte das Telefonat, um ihre Kündigung auszusprechen. Der Chef solle sie doch bitte gleich abmelden. Obwohl die Dame da wohl einen unberechtigten vorzeitigen Austritt hingelegt hatte, stimmte mein Klient einer einvernehmlichen Lösung zu und meldete sie per Telefon ab.

Einige Tage später, ein Schreiben von der Arbeiterkammer: Die Abmeldung mit der einvernehmlichen Auflösung wäre zu Unrecht erfolgt! Denn am Tag, als mein Klient die telefonische Abmeldung durchführte, wäre die Küchenhilfe noch bei der Gebietskrankenkasse krankgeschrieben gewesen! Also eine fristenwidrige Kündigung im Krankenstand! Kündigungsentschädigung wäre dann auch noch zu zahlen, bitte schön.

Krankenstand? Wie das, wo die Dame doch bereits nachweislich in ihrem Hauptjob tätig war? Die Gebietskrankenkasse hatte eine Erklärung parat: Die Ex-Küchenhilfe war von ihrem Arzt bereits drei (!) Wochen zuvor gesundgeschrieben und als arbeitsfähig eingestuft worden. Leider habe offensichtlich aber ihr Gesundheitszustand eine Wiederaufnahme des Zweitjobs nicht zugelassen.

Hier stellt sich schon die Frage, wie es dem Arzt gelungen ist, so treffsicher zwischen den beiden Tätigkeiten zu entscheiden? Und: Warum erfuhr mein Klient nichts von der „geteilten" Arbeitsfähigkeit? Er hätte so wenigstens die Chance gehabt, seine Küchenhilfe für weniger belastende Tätigkeiten einzusetzen.

* Ein Steuerberater aus Oberösterreich

Nicht im Wolfgangsee-Wasser!

Helmut Peter*

Seit Weihnachten 1999 baden unsere Gäste im schwimmenden Seebad in Wolfgangsee-Wasser. Dieses wird – dem Bäderhygienegesetz entsprechend – in einem geschlossenen Kreislauf aufbereitet und immer wieder mit Seewasser aufgefüllt. Dieses ist viel weicher als Leitungswasser aus den Kalkbergen und daher angenehmer zum Schwimmen. So weit, so gut! Seit 2015 darf man zwar weiter im Wolfgangsee schwimmen, was abertausende Menschen, darunter unsere Gäste und wir, auch tun. Aber – im Wasser des Wolfgangsees darf man nicht schwimmen. Auch wenn es aufbereitet wird. Es muss laut Vorschrift jetzt Leitungswasser in das schwimmende Seebad eingefüllt werden. Ob das jemand versteht?

Das hundertjährige Hochwasser kommt nicht alle hundert Jahre, aber es könnte ja kommen. Daher die rote Linie, welche die Grenze dieses Jahrhundertereignisses in seinen möglichen Auswirkungen festhält. Will man also eine bestehende Bootshütte mit Kabinentrakt und kleiner Tauchbasis neu errichten, stößt man auf Schwierigkeiten. „Eine Tauchschule in der Hochwasserzone – geht gar nicht!", hört man mit ungläubiger Verzweiflung. Als gelernter Österreicher glaubt man noch immer an die Vernunft aller Beteiligten und reitet über die vielen bürokratischen Hürden. „Es wird schon wieder, wir werden schon eine Lösung finden!", hört man sagen. Ja, ja – es wird schon wieder?

* Helmut Peter ist Hotelier-Legende und Alt-Wirt „Im Weißen Rössl am Wolfgangsee", St. Wolfgang (Oberösterreich).

Lern was G'scheits!

Heinz Reitbauer sen.*

Lieber Günter,

Danke – dass Du für uns Gastwirte weiter kämpfst.

→ Am Bründlweg am Pogusch gibt's einen Bauernhof aus dem 12ten Jahrhundert – ohne Strom, aber die Bäurin muß eine Registrierkasse haben – jetzt versuchen wir alles damit sie nicht aufhört.

→ In Österreich wird bei Hochzeiten bis 4 Uhr früh gefeiert – aber ohne Arbeitszeitflexibilisierung (Service darf nicht solange bedienen) kann niemand mehr heiraten. Vorteil, keine Scheidungen mehr.

→ Lern was G'scheits
Koch · Kellner
100% sicherer Arbeitsplatz
100% Karriere-Möglichkeit-
Köche sind weltweit begehrt
→ Essen · Trinken · Schlafen GRATIS
→ Lohn 1. Lehrjahr von 700 € bis Unlimited
→ 3 Tage frei in der Woche

• STOP dem Akademiker · WAHN •
fast alle wollen studieren – nur wenige wollen einen Lehrberuf!

Man muß es einmal sagen.
Die Gastronomie hat den schlechtesten Arbeitsplatz in der Wirtschaft! Wir fangen auch in der Früh um 7 – ⅞ 8 Uhr an – und am Abend – fangen wir nochmal einen Tag an. Dazu Samstag + Sonntag, und wir zahlen schlecht – wir zahlen schlecht – nicht weil der Wirt so gierig ist – NEIN – weil schlicht und einfach zu wenig zu verdienen ist.
Das ist der Hauptgrund, warum so viele aufhören. Wenn du um 10 Minuten nach 18 Uhr in der Apotheke ein Aspirin brauchst – hast schon einen Zuschlag!

→ Wir müssen – wenn wir gute Mitarbeiter in der Gastronomie haben wollen Samstag + Sonntag 5% mehr – NUR für Küche + Service EXTRA auf die Rechnung aufschlagen! NICHT für den WIRT. Es muß deutlich sichtbar erscheinen – das ist nicht für den WIRT!
Die Zeit ist reif – der Gast wird es verstehen!

Griaß di vom Pogusch
Heinz Reitbauer d. A.*

P.S. In der Steiermark haben in den letzten Jahren 505 Gasthäuser zugesperrt, dafür gibts Mostelhäuser und Vereinslokale wo das Bier nur 1.- Euro kostet.

Auf meine Bitte an Gastronomen-Kollegen, mir ihre Beiträge für FUCKING GASTRO RELOADED zu senden, erhielt ich dieses Briefchen. Der Absender, Heinz Reitbauer sen., ist einer der Pioniere des Qualitäts- und Regionalitätsbewusstseins in der österreichischen Gastronomie. Ich werde seinen handschriftlichen Beitrag wie einen Schatz hüten.

Günter Hager

* Heinz Reitbauer sen., Wirtshaus Steirereck, Steiermark

0,1 Prozent chemische Zusätze

Karl J. Reiter*

Der Lebensmittelinspektor hatte unseren Betrieb besucht und eine Tube mit Kosmetika mitgenommen. „Keine chemischen Zusätze" stand auf der Tube zu lesen, doch der Herr Inspektor prüfte und fand das Unglaubliche heraus: Von wegen keine chemischen Zusätze! Die Prüfung ergab, dass man auf ganze 0,1 (!) Prozent Zusätze gestoßen war. Damit das klar ist: Die Tube stammte aus Deutschland, wir hatten sie im Originalzustand und verschlossen in unserem Betrieb.

Ja, wir erhielten keine Strafe, kamen knapp an einer Vorstrafe vorbei. Es bleibt aber die Tatsache, dass man sich überhaupt immer und immer wieder mit diesen Dingen beschäftigen muss. Sie kosten nicht nur Zeit, sondern auch mindestens so viele Nerven. Es gäbe vieles mehr, aber …

* Karl J. Reiter, Gast- & Landwirt, ist Chef von Reiters Reserve (Südburgenland).

Bitte nur am Güterweg rauchen!

Andrea Samuel*

Seit dem Jahr 2007 bin ich Wirtin und Betreiberin des „Panoramastüberls Lichtenberg" zwanzig Autominuten nördlich von Linz. Mein Ausflugsgasthaus liegt inmitten der Natur neben einem Wanderweg. Meine Gäste genießen den herrlichen Ausblick bis hin zu den Alpen. Ich habe Freude am Beruf und bin mit Leib und Seele dabei. Bei aller Begeisterung: Im Laufe der Jahre erlebt man immer wieder Situationen, wird mit Gesetzen, Auflagen und Vorschriften konfrontiert, die die Freude trüben können.

Nur ein paar Beispiele von vielen: Wenn man sich, so wie ich, am Land befindet, ist eine Belegerteilungspflicht doppelt fehl am Platz. Die von uns pflichtgetreu ausgestellten Belege finden wir zu 90 Prozent auf der Wiese wieder. Die Gäste lassen sie am Tisch liegen, eine Windböe sorgt für den Abtransport.

Oder: Was wird aus dem Nichtraucherschutzgesetz? Beschlossen, ohne über die unterschiedlichsten Auswirkungen nachzudenken. Zum Beispiel in meinem „Panoramastüberl": Unser Betrieb ist ein Nichtraucherlokal. Unsere Gäste werden freundlich gebeten, draußen zu rauchen. Normalerweise kein Problem bei so einer Naturkulisse! Doch hat schon mal jemand darüber nachgedacht, dass man nach Sperrstunde des Gastgartens in diesem auch nicht mehr rauchen darf? Das heißt für mich: Die gesamte Gastgartenterrasse hat um 22.00 Uhr Sperrstunde, auch für Raucher! Ich muss also meine Gäste bitten, entweder auf der angrenzenden Wiese oder am öffentlichen Güterweg zu rauchen. Der zum Gasthaus gehörende Parkplatz kommt übrigens auch nicht als Rauchplätzchen nach 22.00 Uhr in Frage, denn der hat dieselben Ruhezeiten wie der Gastgarten und dient nur als Zu- und Abfahrt für PKW.

Wo wir gerade bei der Lärmbelästigung sind: Mein Gasthaus liegt zwar mitten am Land, doch auch hier wird man als Wirt für die Geräusche vom Parkplatz verantwortlich gemacht. Also muss ich meine Gäste des Öfteren zum Auto begleiten, um sicherzugehen, dass sie sich auch wirklich leise verhalten. Und das ist noch nicht alles: Auch im ländlichen Bereich haben die nächstgelegenen Anrainer die Möglichkeit, den Gastbetrieb ordentlich einzuschränken. Selbst dann, wenn sich das Haus noch so weit von der Gaststätte entfernt befindet. So wurden auch mir trotz aller Entfernung zu den Nachbarn Auflagen erteilt, über die sonst wohl auch ein Innenstadtwirt stöhnen würde: Ab 22.00 Uhr dürfen meine Gäste die Fenster nicht mehr öffnen. Es könnte ja Lärm nach außen dringen! Und weil man ja „nie wissen kann", musste ich sogar die Fensterbeschläge entfernen lassen!!

Natürlich blieb ich auch nicht von dem allumspannenden Personalproblem in der Gastronomie verschont. Ein wunderschöner Sonntagmorgen im Oktober. Es ist föhnig, und ich bin mir sicher, dass meine Gaststätte wieder brechend voll sein wird. Kurz zuvor hatte ich noch dazu meine Küchenhilfe kündigen müssen. Auf meine Ausschreibung, dass ich eine neue Küchenkraft suche, hatte sich niemand gemeldet.

Und an diesem Tag gehe ich meine Runde durchs gut gefüllte Lokal und den Gastgarten. Jede Menge Arbeit, aber ich nehme mir trotzdem kurz Zeit, meine Gäste zu begrüßen. Ich komme auch mit einer jungen Dame ins Gespräch, die ich kenne und von der ich weiß, dass sie derzeit arbeitslos ist. Ich spreche sie auf meine Personalsuche an, und frage sie, ob sie interessiert an einer Mitarbeit wäre. „Warum soll ich da an den Wochenenden arbeiten, wenn ich genauso viel Arbeitslosengeld bekomme?"

Damit hatte ich nicht gerechnet! Ich postete diese Aussage auf Facebook, der Spruch der arbeitsunwilligen Dame landete schließlich auch in den Zeitungen. Geholfen hat es aber leider nicht. Ich habe jetzt damit begonnen, meine Mitarbeiter über den Kollektivvertrag hinaus zu bezahlen. Und ich bemühe mich weiterhin, den Arbeitswilligen die Gastronomie schmackhaft zu machen. Es ist doch ein schöner Beruf! Lustig, abwechslungsreich, kommunikativ. Das müsste doch für viele Arbeitsuchende überaus anziehend sein.

Oder?

* Andrea Samuel (Denkmair) ist Chefin des „Lichtenberger Stüberls" bei Linz.

Wie kann denn das sein?

Andrea Samuel*

Über WhatsApp und Internet wird ja heute viel kommuniziert. Aber ich bin trotzdem überzeugt: Jeder braucht ein soziales Umfeld und reale Gesellschaft. Wir Wirte sind für jene da, die gemeinsam schöne Stunden erleben wollen, und auch für jene, die vielleicht einsam sind und Gesellschaft suchen. Natürlich hat die Infrastruktur eines Wirtshauses auch ihren Preis. Ein kühles Bier, frisch gezapft aus dem Fass, im stilvollen Glas freundlich serviert von der Kellnerin, an einem schön gedecken Tisch neben dem gemütlichen Ofen mit wunderbarem Ausblick auf die umgebende Landschaft – so ein Bier muss einen höheren Preis haben, als eine Flasche Bier, die man sich aus dem Supermarkt holt. So ein Bier hat schließlich auch einen weitaus höheren Wert, behaupte ich.

Und doch gibt es manche, die das nicht einsehen wollen: Mitten im Wonnemonat Mai. Wir planten eine größere Veranstaltung in unserem Ausflugslokal und entschieden uns, unsere Gäste mit einem „Kistnbratl" (Schweinsbraten in einer Holzkiste gegart) und einem Maß Bier (1,0 l) um je € 6,66 zu verwöhnen. Ein, wie ich meine, fairer und durchaus leistbarer Preis. Schließlich wollte ich damit unseren Stammgästen und Kunden einmal Danke sagen.

Das „Kistenbratl-Event" wurde ausgeschrieben, ins Internet gestellt, Plakate wurden ausgehängt. Ungefähr zwei Wochen vor der Veranstaltung hatte ich Besuch von einer Dame mittleren Alters. Sie kam gleich zur Sache: „In deiner Einladung steht da etwas von einem Maß Bier um € 6,66. In der Getränkekarte ist die halbe Bier (0,5 l) aber um € 3,30 angegeben. Ja, wie kann das denn sein?"

Ich bin ein Mensch, der sehr viel wegstecken kann und über manchen Unsinn lacht. Deshalb verhielt ich mich am Anfang noch sehr ruhig. Doch die Dame hörte nicht und nicht auf mit ihrer Beschwerde: „Eine Frechheit, unterschiedliche Preise für dasselbe Bier zu verlangen!"

Die Hartnäckigkeit der Dame und der Umstand, dass mein Lokal zu diesem Zeitpunkt auch fast vollbesetzt war, machte mich langsam ganz schön ärgerlich. Dann ging die „Rechenkünstlerin" mit der Einladung in der Hand durch mein Lokal und wies meine Gäste auf die „Frechheit" hin. Die stressige Situation, das unablässige Gezeter der Dame und die Ungerechtigkeit ihrer Anschuldigung brachte dann auch mein Fass zum Überlaufen. „Meine liebe Dame", sagte ich so laut, dass es auch die nebenan sitzenden Gäste mithören konnten, „erstens handelt es sich dabei nicht um dieselbe Biersorte. Und selbst wenn: Das ist eben der Preis, den wir für diese Veranstaltung festgesetzt haben. Außerdem: Du regst dich hier wegen ganzen sechs Cent auf! Wenn du ein paar Cent einsparen willst, habe ich eine bessere Idee für dich: Kauf dir eine Kiste Bier im Supermarkt und setz dich damit in deinen Keller. Wenn die Kiste leer ist, merkst du vielleicht, dass dies eine ziemlich einsame

Art ist, Bier zu genießen. Vielleicht bist du dann auch wieder bereit, ein Gasthaus aufzusuchen. Allerdings: Wenn alle so denken wie du, kann es sein, dass es dann vielleicht kein Gasthaus mehr gibt!"

Das hatte gesessen! Von den Gästen, die alles mitbekommen hatten, erntete ich große Anerkennung. Ob die Dame dann noch im Supermarkt war, weiß ich allerdings nicht.

* Andrea Samuel (Denkmair) ist Chefin des „Lichtenberger Stüberls" bei Linz.

Schluss mit lustig!

Alexander Gregor Schedl*

Wahrscheinlich ist es kein Zufall, dass mich das Mail von Günter, mit dem er mich einlädt, einen „kleinen Artikel" für sein neues Buch zu schreiben, am 2. August erreicht – abends um 21.51 Uhr. Eigentlich ist es ein hundsgewöhnlicher Mittwochabend. Aber es ist ein gutes Beispiel zum Thema. Denn genau hier beginnt sie, die „Fucking Gastro". Auch ich hatte mich an diesem späten Abend seit mehr als zwei Stunden mit nichts anderem beschäftigt, als mit der Sichtung (und Erledigung) aufgezwungener Bürokratie. Das kann dann schon extrem lästig sein.

Aber, um es hier gleich vorweg zu sagen: Natürlich bestand das „Wirte-Leben" schon immer auch in der Bewältigung von notwendigem Büro- und Papierkram. Klar. Nur haben bürokratische Arbeiten mittlerweile ein nahezu unerträgliches Ausmaß angenommen. Tendenz: steigend – leider! Denn alleine in den letzten drei bis vier Jahren hat dieser Dokumentations- und Aufzeichnungswahn erneut stark zugenommen. Kein Wunder also, dass sich Frust und Hilflosigkeit gegenüber den Bürokraten bereits tief in die Seele vieler Gastronomen hineingefressen haben. Eines steht für mich fest: Hätten wir Gastronomen den Mut gehabt, gegen das eine oder andere Gesetz noch massiver zu protestieren, wären wahrscheinlich viele dieser Sinnlosigkeiten von unserer Branche abgewendet worden. In vielen Bereichen denken nämlich eh unzählige Kollegen wie Günter.

Und natürlich teile auch ich sehr viele Positionen und Standpunkte mit ihm!

Ich selbst leite ein Gastronomieunternehmen, das täglich ca. 2.000 Mittagessen produziert. Und das auf sehr gutem Niveau – wie es uns Gastro-Tester immer wieder bestätigt haben. Da ist natürlich ein gewisses Maß an Administration von Haus aus notwendig. Im Moment aber müssen zusätzliche Regale für neue Ordnerstrukturen geschaffen werden. Ich war selbst mehr als erstaunt, als ich in meinem Büro sage und schreibe 113 Ordner zählte – und wir sprechen hier nicht von Ablageordnern, sondern aktuell notwendigen Ordnern. Ich bin sozusagen „umzingelt" von beschrifteten Zeiträubern. Um nur einige Beispiele zu nennen: *Abfallwirtschaftskonzepte, Sicherheits- und Gefahrenunterweisungen, Arbeitsmedizin, Allergenlisten, Reinigungspläne, Temperaturlisten, Rückstellproben, Wareneingangskontrolle, Nassmüllaufzeichnung, HACCP und CCPs, Monitoring, Kälteanlagenverordnung & Kontrollberichte, Sicherheitsdatenblätter, Zeitprotokolle und unzählige mehr.* Leider wird dadurch die Zeit, die man beim Gast verbringen kann, immer knapper. Kurz bevor ich meinen Gastartikel fertig hatte, erreichte mich eine Zeitung und darin die nächste „gute Idee". Da stand zu lesen:

Aktuell haben die Eurokraten ab 2019 vor, eine weitere Sinnlosverordnung in die bereits völlig überregulierte Gastronomie einzuführen. Kommen sie damit durch, wird in Zukunft in jeder Küche ein Farbguide hängen müssen, um so ein zu starkes

Bräunen von Schinken-Käsetoast, Schnitzel, Pommes & Co zu verhindern. Unter dem Titel einer Acrylamidverordnung soll doch tatsächlich versucht werden, die Gastronomie erneut in ein absurdes „EU-Schema" zu zwingen, dessen Sinnhaftigkeit nicht annähernd nachvollziehbar ist. Anders herum ausgedrückt: Welcher Wirt setzt seinen Gästen allen Ernstes ungenießbares Verbranntes vor? Hallo – geht's noch?

Das ist Satire pur. Wen soll es da noch wundern, dass es nicht mehr nur Freude bereitet, Gastronom zu sein? Fix ist, dass uns Gastronomen das Leben – und oft ist es ja nur noch ein „Überleben" – immer schwerer gemacht wird. Da ist dann schnell „Schluss mit lustig" – leider.

Erschwerend kommt hinzu, dass man es in unserem Land offenbar vorzieht, bei der Beschlussfassung neuer (EU-)Gesetze diese besonders brav und mustergültig zu gestalten. Durchaus vorhandener Spielraum zugunsten der Gastronomie bleibt nämlich meist ungenutzt. Warum eigentlich? Oder will da jemand etwa ein Vorzugszeugnis mit zwölf goldenen Sternchen auf blauem Untergrund erhalten? (Stichwort: EU-Allergenauszeichnungsverordnung!)

Es sollte sich jeder mündige Bürger die Frage stellen: Wer profitiert von diesem Regelwahn? Eigentlich liegt die Antwort klar auf der Hand: nicht die Kleingastronomie, nicht die Haubengastronomie, nicht die Gemeinschaftsverpflegung, sondern einzig und allein die internationale Lebensmittelindustrie! Schnöder Einheitsbrei ist vorgezeichnet. Das braucht kein Mensch! Wir müssen jedenfalls sehr vorsichtig sein, damit uns die Bürokratie bzw. die Gesetzgebung gemeinsam mit Lebensmittelgroßkonzernen nicht unserer geschmacklichen Freiheit beraubt.

Auch der Anspruch unserer Gäste ist deutlich gestiegen. Der Schrei nach ständiger Abwechslung, hippen Speisen und kaum nachhaltigen Speisentrends ist jedenfalls so groß wie nie zuvor!

Erneut sind also die Wirte gefordert. Wir als Großbetrieb in der Gemeinschaftsverpflegung, mit einem Stammpublikum, das kaum wechselt, stehen ständig unter einem enormen Kostendruck. Hier haben wir es besonders schwer, jedem dieser Trends zu folgen. Zahlreiche Verbesserungsvorschläge, wie man was anders machen könnte, und wie einfach es doch sei, auch für wenig Geld auf hohem Niveau zu kochen, erreichen uns immer öfter. Wir nehmen jede Anregung ernst. Schließlich sind dadurch schon tolle Neuerungen entstanden. Dass 50 Prozent unserer Arbeit aber aus Logistik besteht und es möglicherweise einen kleinen Unterschied macht, ob man für 3, 30, 300 oder 2.000 Personen kocht, wird da leider häufig nicht bedacht.

Natürlich besteht ein enger Zusammenhang zwischen den kalkulatorisch zur Verfügung stehenden Wareneinsätzen und dem „Preis, den der Gast dafür zu zahlen bereit ist". Dumpingpreise bei qualitätsvollem Essen – das kann und darf es jedoch nicht geben. Das würde vollumfänglich erneut den Wirt treffen. Auch da wäre dann erneut Schluss mit lustig.

Alleine vor diesem Hintergrund ist es spannend, ein attraktives Angebot und die für jeden „Täglichesser" so notwendige Abwechslung zu schaffen. Egal mit wem man hier aus der nicht geförderten Gemeinschaftsverpflegung spricht, dieses Problem hat jeder. Schön wäre es, wenn man auch solche Aspekte realistisch und objektiv in so manche Bewertung einfließen lassen würde. Also: Vielleicht lieber erst mal „tief Luft holen" und sich dann überlegen, was man für sein Geld doch so alles bekommt. Jeder, der schon einmal einkaufen war und zu Hause gekocht hat, weiß, wie die Sache dann aussieht. Hier fällt mir der Spruch eines befreundeten Universitätsprofessors ein, der bekannt dafür ist, so ziemlich alles auf den Punkt bringen zu können: *Man kann nicht Porsche fahren und nur Skoda bezahlen wollen!*

Wie auch immer: Genau wie die Millionen selbst ernannten „Fußballtrainer-Experten", gibt es wohl auch eine ähnliche hohe Anzahl an Köchen, Wirten und Gastro-Experten. Es bleibt also spannend in unserem schönen Land.

* Alexander Gregor Schedl leitet seit 1999 die Mensa der Johannes Kepler Universität Linz. Zuvor war er in der gehobenen Gastronomie tätig und ist „noch Gastronom aus Leidenschaft".

Von der Seele geschrieben

Hans Stoll*

Das österreichische Wirtshaus ist ein Kulturgut, welches primär im ländlichen Raum höchsten Stellenwert hat. Dem klassischen Stammtisch als nicht digitale Kommunikationsebene wird mit hoher Sicherheit wieder große Bedeutung zukommen. Die Ist-Situation, bei welcher eine vierköpfige Familie mit vier Handys am Tisch sitzt und per SMS/WhatsApp kommuniziert, fordert als Gegenpol mehr denn je eine Plattform des Sichtreffens und Sichaustauschens. Wo soll man sich austauschen, wenn es das Wirtshaus nicht mehr gibt? Wo geht man nach der Taufe hin, wo zelebriert man Familienfeiern, denn auch eine Totenzehrung ist an sich eine Familienfeier, wenngleich aus traurigem Anlass.

Das Wirtshaus in der Stadt hat eine ebenso große und wichtige Funktion. Fast Food, Dönerstände, Pizzaketten und was auch immer prägen das Bild vieler Innenstadtlagen und der „Städter" will und soll auch im urbanen Leben im wahrsten Sinne des Wortes Regionales erleben. Klassische Wirtshausküchen als Gegenpol zu Convenience-Futter. Lohnt sich der Betrieb des Wirtshauses nicht mehr, bleibt dem Konsumenten nur noch die Fast-Food-Schiene. Je schnelllebiger die Zeit, desto mehr steigt das Bedürfnis nach Geselligkeit und Bodenständigem. Grundsätzlich stellt sich die Frage nach mehr „McDonaldisierung" oder doch österreichisches Kulturgut zu erhalten und zu fördern. Die Auswüchse der letzten

Jahrzehnte in Form der Zeltfeste und folglich der geförderten Vereinslokale plus zusätzlichem Bürokratieaufwand haben wohl genau zur leidigen Situation geführt, in der sich jetzt viele Gemeinden befinden: keine Wirtshäuser mehr, keine Lebensmittelgeschäfte mehr, Junge ziehen weg, die guten Jobs gibt es nur mehr in den großen Städten, Landflucht, Verkehrschaos und vieles mehr. Und dann gibt es schon jetzt Gemeinden, bei denen Vereine das Lebensmittelgeschäft und das Wirtshaus führen.

60 Prozent des österreichischen Weines werden in der Gastronomie genossen. Brechen die Wirtshäuser weg, bedeutet das auch für die Weinwirtschaft, mehr preiskampfbetonte Vertriebsschienen im Einzel- bzw. Diskonthandel suchen zu müssen. Dort werden folglich der Preisdruck, unmoralische Rabattaktionen und das Verlagern des Konsums in heute vielfach schon bestehende, illegale „Garagenfestlokale" feststellbar sein. Das ist keine Zukunftsprognose, sondern bereits vorhandener Ist-Zustand. Je mehr sich der Weinkonsum in den privaten Bereich verlagert, desto schärfer wird der Kampf an der Preisfront. Folge: Handwerklich gemachte Weine werden rarer, industriell gefertigte Massenweine bestimmen das Geschehen. Da auch handwerklich produzierter Wein ein jahrtausendealtes Kulturgut ist, geht damit wieder ein Stück Identität verloren.

Klimawandel, Terrorgefahr und Verkehrschaos etc. fördern wieder mehr den Tourismus in Österreich. Steigende Zahlen belegen das. Großstädter, welche sich bei uns im Trachtengeschäft mit Ausseer Lederhose und Tostmann-Dirndl einkleiden, haben mit Sicherheit kein Bedürfnis, diese „Verkleidung" im Fast-Food-Lokal vorzuführen. Diese Lokale sind weltumspannend und die hat jeder Tourist daheim vor der Haustüre. Wirtshäuser mit klassischer Küche, Bodenständigkeit und Gemütlichkeit vermitteln jene Atmosphäre, welche der Gast vermehrt sucht. Der touristische Zukunftsmarkt wird geprägt von der Käuferschicht der Generation „Y", Bobos und Vintage-Stylisten – und genau diese Käuferschichten schätzen neben der „Silbernen Generation" das Wirtshaus als Kultstätte. Nicht umsonst gibt es bereits noble Vier-Sterne-Plus-Hotels, welche daneben ein klassisches Wirtshaus betreiben. Die uniformen Menüangebote der Hotels bestehen eigentlich weltweit aus einem Wahlmenü mit drei verschiedenen Hauptgerichten (Fleisch, Fisch, Nudeln), und dazu braucht es als Gegenstück das Wirtshaus. Solange wir es noch haben.

* Hans Stoll, ehemaliger Wirt, ist Lehrgangsleiter für Tourismus- & Sommelierausbildungen, Buchautor, Kolumnist und hält Seminare ab.

III. KAPITEL
GÄSTE & ANDERE INSIDER

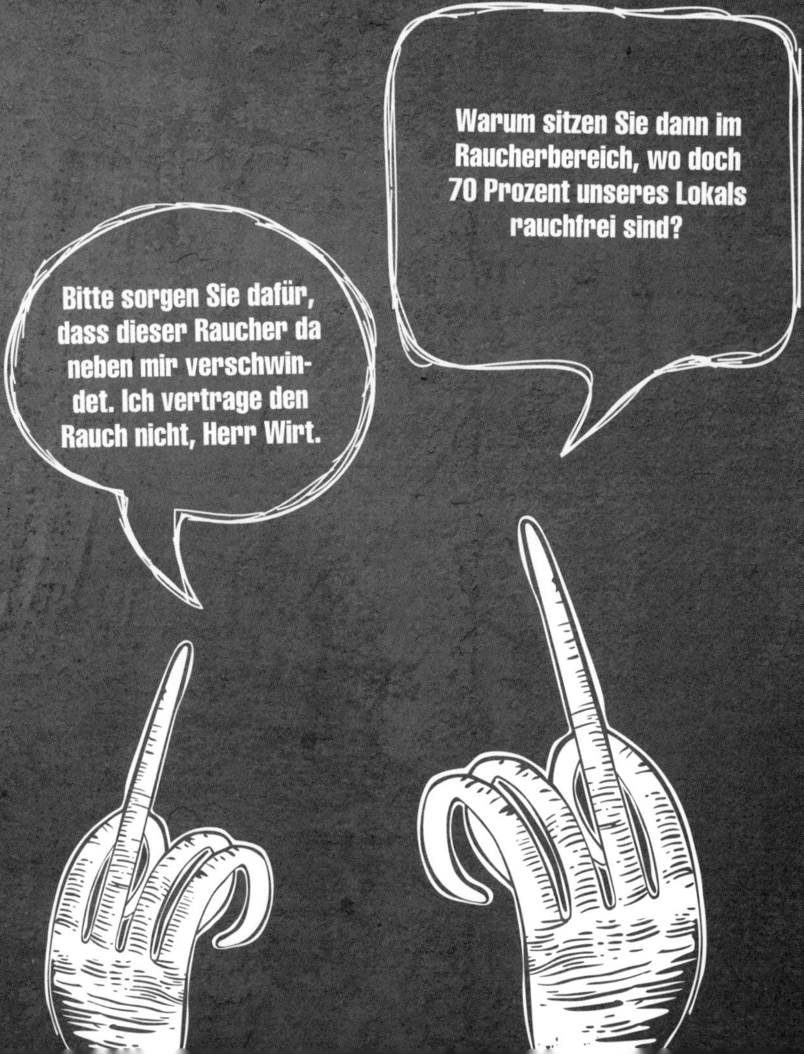

Zuerst nimmt man
den Gästen die Zigarette weg,
dann das Glas Wein

und irgendwann
auch das Essen.

Und zum Schluss heißt es dann:
Der Besuch eines Wirtshauses
kann Ihrer Gesundheit schaden!

Facebook-Blogger

Kantinen & Begräbnisse

Anonym

Zwei traurige Erfahrungen aus dem Alltag eines Steuerberaters.

Schauplatz 1: Kleines, feines, traditionsreiches Landgasthaus im Mühlviertel. Mein Klient erzählt mir, er sei ziemlich frustriert: Bisher gab es zumindest an Freitagen abends immer ein halbwegs gutes Geschäft. Das hat sich nun völlig verändert, seit die ortsansässige Feuerwehr „gastronomisch aufgerüstet" hat und ihre eigene Vereinskantine betreibt. Die meisten im Ort sind mit der Feuerwehr ja irgendwie verbandelt und nun verbringt man halt den Freitagabend im Vereinslokal. Ab und zu tauchen dann so gegen 23.30 Uhr noch vereinzelt Leute bei ihm auf. Nachdem sie sich in der Kantine einen billigen Rausch angetrunken haben, hätten sie gerne noch ein letztes Abschluss-Seidel beim Wirten, dem den ganzen Abend zuvor ziemlich fad war ... Der Wirt hat, wie so viele andere auch, die Konsequenzen gezogen. Er hat sich einen anderen Job gesucht und sein Gasthaus zugesperrt. Er genießt sein neues Leben, hat an den Wochenenden frei und kann sein Glück kaum fassen. Wehmut schwingt trotzdem mit, wenn er von guten alten Zeiten erzählt, als in seiner kleinen Gaststube die unterschiedlichsten Menschen zusammenkamen und es oft halt auch sehr lustig war.

Schauplatz 2: Ein etwas größeres Landgasthaus im Hausruckviertel. Nach einem Begräbnis soll in einem Wirtshaus im Ort die Zehrung (das Totenmahl) stattfinden. Das ist immer eine größere logistische Herausforderung für die Wirtsleute, braucht man dazu ja für kurze Zeit mehr Personal als für das übliche Geschäft. Und ausgerechnet heute ist alles noch viel schlimmer. Beide Teilzeitkräfte teilen der Wirtin ganz kurzfristig mit, dass sie heute (krankheitsbedingt) nicht zur Arbeit kommen können. Die Begräbnisgesellschaft ist schon am Weg vom Friedhof zum Gasthaus und in ihrer Verzweiflung ersucht die Wirtin zwei ihr bekannte Damen, auszuhelfen. Die Damen sagen kurzfristig zu, sie auch noch bei der Krankenkasse anzumelden, ist selbstverständlich aus Zeitgründen einfach nicht mehr möglich. Und wie es der Teufel – oder wer auch immer – so will, trifft zeitgleich mit den Trauergästen die Finanzpolizei im Gasthaus ein! Vor den Augen der trauernden Gesellschaft wird „Schwarzarbeit im großen Stil" festgestellt. Es werden Anzeigen erstattet und es kommt zu empfindlichen Strafen und Nachzahlungen.

Abschied eines Gastro-Tischlers

Anonym

Liebe Leute, es war mir eine Ehre. Am 31. 12. 2016 schließe ich unseren geliebten Tischlereibetrieb für immer! Ich danke euch allen, besonders unseren Mitarbeitern und Kunden, für den großen Einsatz und das entgegengebrachte Vertrauen.

Ja, 52 Jahre Tischlerei sind Geschichte. Ich danke Gott, es hat sich kein einziger Mitarbeiter die Finger abgeschnitten oder sonst grob verletzt. Es brannte auch nie im Betrieb, und ich kann mich nicht erinnern, dass wir jemals ein Möbelstück wieder nach Hause brachten, weil es vermessen oder falsch geplant war.

Ja, es war eine schöne Zeit, und immer wieder treffe ich zufriedene Kunden. Oder ich sitze in einem Gasthaus, dessen Inneneinrichtung wir geplant und produziert haben – ein schönes Gefühl.

Leider zieht auch uns kleinen Tischlereien die Bürokratie den letzten Nerv! Früher mussten wir uns als Tischlermeister nicht mit so vielen Ordnungsvorschriften, Gesetzesvorgaben, Aufzeichnungs- und Meldepflichten herumschlagen. Heute arbeiten die Betriebe rund vier Wochen pro Jahr nur daran, behördliche Auflagen zu erfüllen! Und ich habe das Gefühl, dass gerade jene Betriebe, die alle Vorschriften zu 100 Prozent erfüllen, mehr Konkurse, Ausfälle, Unfälle und Brände zu verzeichnen haben. Die Paragraphenlast ist erdrückend, und meiner Meinung nach sieht nur mehr ein Unwissender für sich eine Zukunft in dieser Branche.

Gar nicht zu reden von Dingen wie *Arbeitnehmerschutzgesetz, Arbeitsinspektionsgesetz, Arbeitsmittelverordnung, Arbeitsstättenverordnung, Elektroschutzverordnung, Feuerpolizeigesetz, Feuerpolizeiverordnung, Gewerbeordnung, Grenzwerteverordnung, Kälteanlagenverordnung, Kraftfahrgesetz, Luftreinhalte- und Energietechnikgesetz, Mutterschutzgesetz, Verordnung zur Gesundheitsüberwachung am Arbeitsplatz, Registrierkasse, Verordnung über Lärm und Vibration, über explosionsfähige Atmosphären, VOC-Anlagenverordnung, VEXAT-Explosionsschutzdokument und, und, und …*

Fakt ist: Tischler war einmal einer der schönsten Berufe, die man sich vorstellen kann. Heute steht man als Unternehmer ständig mit einem Fuß im Gefängnis. Es war mir eine Ehre.

Bitte Spam-Ordner kontrollieren!

Über die Registrierkassenpflicht wurde schon viel geschrieben. Auch in FUCKING GASTRO, Band 1. Aber abgesehen von all dem Wahnsinn, der rund um die Einführung der Registrierkasse abgelaufen ist, abgesehen davon, wie gewaltig der Misstrauensvorschuss war, der den Gastronomen entgegenschlug – in dem folgenden Fall geht's einfach darum, dass hier auch der gesunde Menschenverstand beleidigt wurde. Stellen Sie sich vor: Sie sind ein g'standener Wirt, ein Praktiker. Erfolgreich, Ihre Gäste mögen Sie, Sie verstehen etwas vom Geschäft, können mit den Menschen umgehen, Ihre Mitarbeiter sind zufrieden. Dann kommt die Registrierkasse und dann kommt ein Mail wie das folgende. Von einem Softwareunternehmen aus einem Ort in Deutschland, den Sie nicht einmal vom Namen her kennen. Trotzdem können Sie dieses Mail nicht ignorieren. Weil Sie in Zukunft mit dem System dieses Unternehmens arbeiten müssen. Müssen!

Günter Hager

An: Registrierkassen-Pflichtigen

Von: Martha Mustermann

Betreff: **Herzliche Einladung zur Registrierung**

Liebe Kunden,

wie bereits vorangekündigt, werden wir Sie in Kürze einladen, sich bei fiskaltrust zu registrieren. Sie bekommen dann eine automatisch generierte E-Mail aus dem fiskaltrust.Portal mit dem Absender „Fiskaltrust Robot" und dem Betreff „Einladung zu fiskaltrust". Bitte achten Sie darauf und überprüfen regelmäßig Ihren Spam-Ordner.

In der E-Mail finden Sie einen Link, der zum fiskaltrust.Portal führt. Wenn Sie dem Link folgen, wird Ihnen die GUBSE AG in fiskaltrust.Portal zugeordnet.

Im Anhang finden Sie eine Dokumentation, in der die Einrichtung im fiskaltrust.Portal ausführlich beschrieben ist. Bitte lesen Sie die Dokumentation aufmerksam durch, bevor Sie dem Link folgen.

Parallel zu diesem Prozess werden wir in Kürze auf Ihrem System ein SIHOT-Update durchführen, damit die notwendige Funktionalität zur Verfügung steht, die im Rahmen der RKSV (Registrierkassensicherheitsverordnung) vorgeschrieben ist. Dieses Update ist für alle Kunden mit einem gültigen Wartungsvertrag kostenfrei. Wir kontaktieren Sie hierzu unaufgefordert zur Definition des Update-Termins.

Die allgemeine SIHOT-Update-Dokumentation finden Sie unter: https://help ....

»

»

Die spezielle Dokumentation zur Fiskalisierung in Österreich werden wir Ihnen nach dem erfolgreichen Piloten innerhalb der nächsten zwei Wochen zukommen lassen.

Im Rahmen der Fiskalisierung für Österreich werden wir ein Standard-Rechnungslayout den gesetzlichen Anforderungen entsprechend anpassen. Hierzu werden wir den QR-Code und weitere Informationen einfügen. Weiterhin werden wir, gemäß RKSV, das Rechnungslayout duplizieren, um einen notwendigen Zweitdruck im Falle eines längeren Ausfalls ordnungsgemäß erstellen zu können.

Bitte beachten Sie folgende Hinweise:
• Kunden die bereits im fiskaltrust.Portal registriert sind, werden auch eine automatisch generierte E-Mail mit der Einladung erhalten, um sich im Portal anzumelden. Damit werden Sie automatisch der GUBSE Aktiengesellschaft als Kassenbetreiber zugeordnet.
• Für Kunden mit einer Zentrale: Bitte wenden Sie sich an Ihre Zentrale, um abzustimmen, wer und wie die Anmeldung durchführt.
• Bei besonderen Fragen, z.B. einer Betriebsgesellschaft mit mehreren Betriebsstätten oder auch mehrere Kassenkreise, wenden Sie sich bitte an Ihren Steuerberater und/oder Fiskaltrust, um die Organisation und die entsprechenden Anmeldungen zu besprechen. Wir sind an dieser Stelle leider der falsche Ansprechpartner für Sie.

Mit freundlichen Grüßen
Martha Mustermann

Können Sie sich vorstellen, dass bei solchen Botschaften so mancher Wirt den Hut draufhaut?

Günter Hager

Ziemlich komplex, das Steuersystem!

Josef Zotter*

Irgendwann in einem fernen Universum hat die heutige Regierung eine Steuerreform beschlossen. Diese bringt ArbeitnehmerInnen mehr Geld und uns Wirten schlaflose Nächte und Stressausschlag. Seit 1. Mai 2016 gelten wieder einmal neue Steuersätze. Sollten Sie zu jenen Menschen gehören, die durch die Steuerreform mehr netto vom brutto haben – Gratulation! Ich will jetzt auch nicht der nächste Unternehmer sein, der über das komplexe Steuersystem raunzt. Aber wie heißt es so schön auf der vom Finanzministerium betriebenen Website im Unternehmensservice-Portal? *„Das betriebliche Rechnungswesen ist komplex."* Vielleicht sollten sie dazuschreiben: *„Wir selber kennen uns auch nicht mehr aus."*

Worum geht's also? Nun, grundsätzlich zahlt man als Unternehmen eine Umsatzsteuer von 20 Prozent. Darum ist beispielsweise auch der Betrag immer genau um 20 Prozent geringer, wenn irgendwer fragt: „Brauchen S' a Rechnung?" Gut, das ist jetzt durch Registrierkassenpflicht ein wenig schwieriger. Aber schwarzgearbeitet wird freilich nach wie vor … sagt man.

Jetzt hat sich aber die Regierung einfallen lassen, dass es auch verminderte Steuersätze gibt. Unsere Essbar wird mit 13 Prozent Mehrwertsteuer besteuert, im Theater geschieht das mit 10 Prozent. Also, ich muss auf Schokolade 10 Prozent Mehrwertsteuer zahlen, 20 Prozent Umsatzsteuer, wenn ein Geschenkpaket ein Geschirr beinhaltet und Schokolade. Auf den

Tiergarten aber nur 13 Prozent und so weiter. Superlustig ist es, wenn ich ein Geschenkpaket mache mit fünf Schokoladen (10 Prozent) und einen Gutschein für den Tiergarten (13 Prozent) und ein Trinkschokoservice mit (20 Prozent) reingebe.

Die Verabreichung eines ortsüblichen Frühstücks, das zusammen mit Beherbergung geboten wird, ist mit 10 Prozent besteuert. Verkauft der Wirt Wein ab Hof, sind es 13 Prozent. Kauft sich der Gast am Nachmittag einen Kaffee, werden 20 Prozent fällig. Also für ein und dasselbe Produkt zwei unterschiedliche Steuersätze! Wenn ich das Gleiche nach Deutschland liefere, ist noch einmal alles anders, denn dort gibt es 7 Prozent auf Lebensmittel und 19 Prozent auf alles andere. In der Schweiz ist gleich noch einmal alles anders: Wenn der Gast von 29. April bis 2. Mai da war, dann gilt für die Nächte im April (zugegeben einmalig) ein anderer Steuersatz als für die Mainächte.

Warum gibt es für die breite Masse nicht einen einzigen Steuersatz oder zumindest in sich logische Steuersätze? Warum ist ein Tiergarten steuerlich etwas anderes als eine inszenierte Schokoverkostung? Warum ist ein Museum noch einmal was anderes?

Selbst die Steuerbeamten wissen nicht mehr genau, was zu tun ist. Der Steuerberater hat auch schon w. o. gegeben. Ich rede jetzt gar nicht von Steuern für Reiche, auf Grundstücke oder für Erbschaften. Ich rede von Steuersätzen, die anfallen, wenn wir unsere Freizeit gestalten. Warum wird das nicht vereinfacht? Warum sagt man stattdessen: *„Es ist komplex!"*?

* Josef Zotter, Chocolatier und Biolandwirt (Riegersburg, Steiermark), ist gelernter Koch und Kellner, Konditormeister und war Küchenchef in Luxushotels.

Noch immer viel zu günstig!

René Gabriel*

Was unaufhaltsam ist, und das gilt auch für die Schweiz: Es folgt eine brutale Bereinigung in nächster Zeit. Sie hat schon längst angefangen und schreitet weiter voran. Jegliche Art von bedienter Gastronomie hat längst schon schleichende oder offizielle Konkurrenz bekommen: Tankstellen, Bäckereien, Metzgereien, Imbissstände. Und der interessierte „Esskunde" macht bereitwillig mit. Meist geht das dort schneller und es ist erst noch günstiger. Logisch. Dabei gibt es nicht wenige Kunden, welche zwischen guten Restaurants und Schnellverpflegung hin- und herpendeln.

Ein guter Koch, der mit einer sehr guten Serviertochter verheiratet ist, macht noch lange kein gutes Restaurant aus. Tätigkeiten und Berufe in der Gastronomie sind ein hartes, gleichzeitig aber auch ein glückliches Pflaster. Es kommt halt drauf an, ob man es als Beruf oder Berufung sieht. Für die solide Zukunft sehe ich entweder „klassisch, traditionell und bodenständig" oder „innovativ, kreativ, originell".

Eigentlich ist es bei einer erfolgreichen Top-Gastronomie genau gleich wie bei einem Spitzenwein. Da muss man „herausragend, eigenständig und großartig" sein. Vielleicht liegt der Joker des Erfolges beim Leitspruch, den wir damals immer im Zusammenhang mit dem Marketing von Mövenpick-Eis verwendeten: „We do not like competition – we are special." Will heißen: Wer vergleichbar ist, kann sich nur noch über den Preis profilieren. Und da liegt der Gastro-Hase in Österreich im Pfeffer: Trotz inflationärer Mehrwertsteuer und immer höheren Abgaben sind meiner Ansicht die Preise für sehr gutes Essen in felix Austria immer noch viel zu günstig! Wenn man wirklich mit etablierten Spitzenprodukten arbeitet, sollte man dies dem Gast gegenüber auch unmissverständlich proklamieren.

Nur marode Kähne gehen auf hoher See unter. Und ein guter Kapitän muss das Gastro-Schiff auch in schwierigen Zeiten steuern können. Sonst sind eben die Steuern höher als die Wellen …

* René Gabriel, der Schweizer „Bordeaux-Papst" und „Genuss-Apostel", ist Koch und Autor (Weinbibel), www.weingabriel.ch

Unternehmer im Visier

Günther Greul*

Wenn eine Truppe von über zehn „Einsatzkräften" zu später Stunde von Lokal zu Lokal zieht, Hinterausgänge besetzt und durch die Vordertüre einfällt, Mitarbeiter und Gäste perlustriert und die Inhaber einem hochnotpeinlichen Verhör unterzieht – was denkt sich da ein unbefangener Beobachter? Eine konzertierte Großaktion gegen das organisierte Verbrechen, Jagd auf Drogenhändler, Schutzgelderpresser und ähnliches kriminelles Gelichter, wie es uns in TV-Tatorten präsentiert wird? Aber so kann man sich irren: Die monatliche Welle von Razzien in Wien hat nicht legitimierte Verbrecher im Visier, sondern Unternehmer. Und wenn sich diese schon aufgrund der Zusammensetzung und des martialischen Auftritts der Truppe in genau diese Ecke gestellt fühlen, haben sie die Situation – was sonst – natürlich total missverstanden: Das Ziel ist lediglich, Schwarzarbeiter, illegale Einwanderer und Steuersünder aufzuspüren.

Keine Kavaliersdelikte, aber auch keine Verbrechen, die einen derart massiven Einsatz der Staatsgewalt rechtfertigen könnten.

* Günther Greul ist Autor. Sein Kommentar erschien im April 2017 in der Fachzeitung „TAI – Tourist Austria International".

„Ka Wirtshaus, ... nur da Amtsweg!"

Helmut Huber*

Wer kennt noch den leider viel zu früh (am Rauchen?) verstorbenen Wiener Schauspieler Kurt Sowinetz? Der hat nicht nur auf der Bühne, im TV und auf der Kinoleinwand brilliert, sondern auch recht bissige Chansons hinterlassen. In einem davon singt er, nach einem Text von Wolfgang A. Teuschl, über Himmel, Fegefeuer und Hölle. Himmel? Acht überirdisch schöne Dinge, von „a Wirtshaus, des die Ewigkeit net zuasperrt" bis „a Amt, wo ausnahmsweis die Heh knian geht". Fegefeuer? „a Wirtshaus, wo sd wegn an klan Schwül in Weisel kriagst", und „a Amt, wo s di ums Zeugnis vo da Oma fragn", und die Hölle, Sowinetz im crescendo von resigniert bis drohend: „Ka Wirtshaus, ka Tröpferlbad, ka Katz, ka Wohnung, ka Auto, ka schöne Leich', ka Fremdenverkehr, nur da Amtsweg! nur da Amtsweg!!"

Warum in dem Lied vom Wirtshaus und nicht vom Gasthaus die Rede ist, scheint klar: der Begriff Gasthaus ist im Wienerischen kaum in Verwendung. Dabei gibt es doch eine so schöne Definition, werbetauglich noch dazu: Das „Gasthaus" ist ein Ort, wo es um den Gast geht, wo der Kunde, wie es sich gehört, König ist, die Kundin Königin, während sich beim „Wirtshaus" alles um den Wirten zu drehen hat. Immerhin ist zum Beispiel in Wien der Typus der Gaststätte, wie wir sie heute kennen, seit 1811 etabliert. Damals wurde die gesetzliche Trennung zwischen Bier- und Wein-Ausschenkern aufgehoben, ebenso Beschränkungen beim jeweiligen Speisenangebot.

Wenn wir ein Gasthaus aufsuchen, bewegen wir uns also in einem sehr traditionsreichen Rahmen. Größere Änderungen gab es eigentlich nur in der Hygiene, und damit eng verknüpft, der Technik, vor allem um 1900 herum. Ein Ort der Kommunikation war das Gasthaus zudem seit je, ganz besonders am Land. Durchaus auch von politischer Bedeutung – nicht umsonst ließ Metternich seine Spitzel besonders gerne in (Stadt-)Wirtshäuser ausschwärmen; und die eigentlichen Entscheidungen in kleinen und oft auch weniger kleinen Gemeinden fielen (und fallen) oft nicht im Sitzungszimmer des Gemeindeamtes, sondern am bürgermeisterlichen Stammtisch. Weil es sich in inoffizieller, entspannter Atmosphäre eben besser redet, und über einem Seidel Bier, einem Achtel Wein praktikable Kompromisse leichter zu finden sind als in nüchterner Büroatmosphäre.

Sowinetz-Autor Wolfgang A. Teuschl hat Gaststätte und Amt in seiner Aufzählung jedenfalls als einigermaßen entfernte, wenn nicht gar gegensätzliche Eckpunkte eingesetzt, und das wohl nicht (nur) aus Gründen der dichterischen Rhythmik und Ausgewogenheit. Damals, 1972! Heute, fast ein halbes Jahrhundert später, scheinen diese Antipoden aber unseligerweise doch noch zusammenzukommen. Das Feld der nachvollziehbaren, logischen Regeln ist bestellt, also macht sich die Politik über Bereiche her, von denen man mehr und mehr den Eindruck hat, diese würden ausschließlich aus Selbstzweck beackert: Das „ABC der

Allergien" verursacht bei vielen Gästen erst genau dieselben, wenigstens auf seelischer Ebene. Und was als Farbkarte für unterschiedlich zubereitete Milchkaffeemischungen in der „Tante Jolesch" noch die originelle Marotte eines durchaus kundenorientierten Wiener Oberkellners war, wird als amtliche Fritten-Gelbskala (vielleicht noch in der handlichen Taschenausgabe für den misstrauischen Gast?) zur Verhöhnung ehrlicher Handwerker, die in der Küche gute Arbeit leisten wollen. Als wenn das Thermometer für die Fritteuse noch nicht erfunden wäre! Müssen wir uns womöglich bald vor einem knusprig gebräunten Schweinsschwarterl oder der köstlichen, glasharten Kruste einer Crème brûlée von Amts wegen fürchten? Muss uns der Wirt den Wunsch danach gemäß Gesetz abschlagen?

Wenn der Wirt noch so gutwillig und bemüht ist, ein Gasthaus zu betreiben: mit all den Regeln, für deren Durchsetzung er verantwortlich ist, wird ihm bald nichts anderes übrig bleiben, als seine Gäste an der Kandare, und somit ein Wirtshaus zu führen. Bei allem Einverständnis, dass das Zusammenleben einer größeren Zahl von Menschen nur durch Gesetze möglich ist: Wenn der Besuch einer Gaststätte mehr einem Amtsweg, einer Vorladung „bei da Heh" gleicht als einer Erholung, einem Vergnügen, einem Ausspannen und Loslassen-Können bei gutem Essen, guten Getränken und zwangloser Konversation – dann ist gründlich was falsch gelaufen, dann wird diese sozial wesentliche Institution aussterben!

* Dr. Helmut Huber ist Arzt, Mitglied der „Österreichischen Weinbruderschaft" und Genießer.

Geht's noch?

Claudia Lippert*

Geht's noch? Müsst ihr „Volksvertreter" einem schon sinkenden Schiff noch eine Breitseite mitgeben ... so kurz vor der Wahl? Kündigungsfristen verlängern und nur mehr quartalsweise Beendigungen zulassen? Glaubt ihr Politiker und Nationalratsabgeordnete echt, dass mit noch mehr Einschränkungen der Unternehmen die Arbeitslosigkeit sinkt? Jeder, der Kinder hat, weiß, dass noch mehr Druck nur Gegendruck erzeugt. In diesem Fall wird es die Betriebe aus dem Land treiben! Treffen wird es all jene kleinen Unternehmen, die KMU, die Österreich ausmachen! Ja, liebe Gewerkschaftler und Sozialisten, auch ihr müsst irgendwann einmal realisieren, dass es nicht nur die ÖBB und Voest Alpine in Österreich gibt! Und ihr, liebe Wirtschaftskämmerer: Wie konntet ihr diesen Entwurf überhaupt so weit kommen lassen? und Was habt ihr während der Begutachtungsfrist gemacht? Wenn schon Pflichtmitgliedschaft, dann bitte auch bei euch die Pflicht, für uns Unternehmer tätig zu werden und uns vor solchen Schwachsinnigkeiten zu schützen!

* Claudia Lippert ist selbstständige Bilanzbuchhalterin in Niederösterreich.

Rauchverbot zerstört Kneipenkultur

Rob Lyons*

Gesetzliche Rauchverbote in der Gastronomie haben dem sozialen Leben in Großbritannien geschadet, zeigt eine Bilanz nach zehn Jahren. Am 1. Juli jährte sich die Einführung des Rauchverbotsgesetzes in England zum zehnten Mal. Das Gesetz untersagt seit 2007 das Rauchen an Arbeitsplätzen und an einer Vielzahl öffentlicher Orte. An vielen Arbeitsplätzen waren Raucher bereits vorher in spezielle Räume verbannt bzw. das Rauchen generell verboten worden. Obwohl ein Ärgernis, war das Verbot also nur die Fortsetzung eines bereits bestehenden Trends. Wo es jedoch wirklich einschlug, war in den Gaststätten. Sie haben sich verändert, oft zum Schlechten. Viele traditionelle Kneipen verschwanden ganz, als die Gäste ausblieben.

Es hätte nicht so kommen müssen. Der ursprünglich 2005 im Wahlprogramm der damals regierenden Labour Party propagierte Gesetzesvorschlag sah noch eine gewisse Flexibilität beim Rauchverbot vor. So sollten einerseits reine Schankwirtschaften, die keine Speisen anbieten, vom Verbot ausgenommen sein. Auch private Klubs – sowohl die noblen Londoner Herrenklubs als auch die der Arbeiter überall im Land – hätten die Freiheit haben sollen, die Umsetzung des Verbotes jeweils vom Willen ihrer Mitglieder abhängig zu machen. Es gab also offensichtlich noch Stimmen innerhalb der Labour Party, die sich der Wurzeln der Partei in der Arbeiterklasse bewusst waren. Insbesondere der zeitweilige Gesundheitsminister

John Reid machte sich dafür stark, dass man ärmeren Leuten ihre kleinen Freuden – auch das Rauchen – erlauben und der Staat sich nicht übermäßig darin einmischen sollte. Reid wurde später bei einer Kabinettsumbildung jedoch durch Patricia Hewitt ersetzt, die für solche Spitzfindigkeiten nichts übrig hatte.

Es folgte viel Lobbyarbeit seitens der Gesundheitsorganisationen mit dem Ziel, das Verbot umfassender zu gestalten. Ausnahmen würden Leben kosten, hieß es. Seltsamerweise argumentierte auch der britische Kneipenverband, dass es unfair sei, das Rauchen in einigen Klubs und Gaststätten weiterhin zu erlauben. Sonderregelungen wurden nach und nach zurechtgestutzt, bis das Rauchverbot schließlich ausnahmslos für alle Gaststätten gelten sollte – anrüchigerweise mit Ausnahme der Bars im Parlamentsgebäude.

Wie sieht nun zehn Jahre später die Bilanz des Verbotes aus? Zunächst ist festzuhalten: Die Auswirkungen auf die Gesundheit sind gering bis nicht existent. Das überrascht wenig, denn die Behauptung, Passivrauchen sei tödlich, stand schon immer auf wackligen Füßen. Die Ergebnisse wissenschaftlicher Studien sind weitgehend inkonsistent, und zumindest zwei einschlägige Arbeiten aus den letzten 15 Jahren kommen zu dem Ergebnis, dass das Risiko für die Mehrzahl der Menschen so gering ausfällt, dass es statistisch gar nicht ins Gewicht fällt.

Das tat der Verbreitung unseriöser Behauptungen jedoch keinen Abbruch. Da war zum einen das bizarre Märchen vom „Herzinfarktwunder": Die Zahl koronarer Vorfälle würde nach Inkrafttreten von Rauchverboten stark einbrechen. Der erste Ort, wo man dies beobachtet haben wollte, war die Kleinstadt Helena im US-Bundesstaat Montana mit derzeit 28.000 Einwohnern. In einem Artikel im British Medical Journal wurde behauptet, Herzinfarkte seien dort während eines kurzzeitigen Rauchverbots um 40 Prozent zurückgegangen. Relevanter ist eine Studie, die den Schotten nach der Einführung des Rauchverbots 2006 eine um 17 Prozent geringere Herzinfarktrate attestierte. Nach genauerer Betrachtung fiel das vermeintliche Wunder allerdings so weit in sich zusammen, dass am Ende überhaupt keine Verringerung des Herzinfarktrisikos aufgrund von Rauchverboten mehr einwandfrei belegbar war.

Die zweite große Behauptung war, dass Raucher, wenn sie nicht mehr bequem drinnen rauchen dürfen, schließlich das Handtuch werfen und mit dem Rauchen ganz aufhören würden. Tatsächlich aber stabilisierte sich die Raucherquote, die jahrzehntelang stetig gefallen war. Erst mit der Verbreitung der E-Zigarette begann sie wieder zu fallen. Anstelle einer staatlich verordneten Einschränkung war es also das Aufkommen eines fast gleichwertigen Alternativproduktes, das Raucher zum Aufhören bewog.

Die tatsächliche Folge des Rauchverbots bestand vielmehr darin, dass viele der Gastronomie ferngeblieben sind. Wieso sollte man auch draußen bei Wind und Wetter herumstehen, wenn man zu Hause billiger trinken und dabei rauchen kann, wie es einem beliebt? Die Gaststätten haben darauf in zweierlei Weise reagiert: Wer über den entsprechenden Platz verfügte, richtete draußen komfortable Raucherzonen mit Regenschutz und Heizstrahlern für den Winter ein. Andererseits kompensierte man den verlorengegangenen Umsatz durch ein größeres und besseres Speisenangebot.

Manchen Lokalen war jedoch beides nicht möglich. Beispielsweise gab es Schankwirtschaften, die nicht über die entsprechende Kücheneinrichtung verfügten oder deren Kundschaft sich für die Kneipenküche nicht sonderlich begeistern konnte. Und es gab Gaststätten ohne eigenen Außenbereich, besonders die Eckkneipen in Wohngebieten, deren Nachbarn sich umgehend über die lauten und rauchenden Gäste auf der Straße beschwerten. Es sind genau diese Kneipen – besonders in den ärmeren innerstädtischen Bezirken des Landes –, die unter dem gesetzlichen Rauchverbot besonders gelitten haben. Wie viele Gaststätten durch die Verbote zugrunde gegangen sind, lässt sich kaum beziffern. Zahlen der Raucherorganisation Forest zeigen allerdings, dass es nun 12.000 weniger Gaststätten in England und Wales gibt als vor Inkrafttreten des Gesetzes. Natürlich hat es seitdem auch eine herbe Wirtschaftskrise gegeben, und die Gastronomie hatte durch steigende Immobilienpreise und Getränkesteuern ohnehin mit einer schwierigen Situation zu kämpfen. Da in Schottland und Irland die Rauchverbote allerdings schon deutlich vor dem Beginn des wirtschaftlichen

Abschwungs durchgesetzt wurden, lässt sich die Beschleunigung des Kneipensterbens unabhängig von anderen Faktoren auch darauf zurückführen.

Der Verlust von Gaststätten ist mancherorts frappierend. Ein Bericht der Universität Sheffield aus diesem Jahr verzeichnet bei der Anzahl von Kneipen, Bars und Klubs im Umkreis der sozial schwächsten Gegenden des Landes einen Rückgang von 30 Prozent seit dem Rauchverbot, beispielsweise in Tower Hamlets in London, Oldham in Nordwestengland und West Bromwich bei Birmingham. Eine Studie im Auftrag des Londoner Bürgermeisters kam zu dem Schluss, dass die Stadt ein Viertel ihrer Gaststätten eingebüßt hat. Dies lässt sich nicht allein auf das Rauchverbot zurückführen, aber es spielte eine wichtige Rolle.

Beim Aufrechnen der Vor- und Nachteile des Rauchverbotsgesetzes sollten wir den Schaden im Auge behalten, den es den Gaststätten und ihren Gästen zugefügt hat. Es mag sein, dass viele sich nun über angenehm rauchfreie Abende in der Kneipe freuen. Es wäre jedoch möglich gewesen, die sich ändernden Ansprüche der Gäste ohne den absolutistischen Ansatz unter einen Hut zu bringen. Bessere Belüftung, separate Raucherräume und andere Maßnahmen hätten wahrscheinlich einen praktikablen Kompromiss ermöglicht. Stattdessen haben wir nun ohne großen gesundheitlichen Gewinn viele unserer Kneipen verloren – zum Nachteil der Betriebe, der Kundschaft und vor allem der persönlichen Freiheit.

* Rob Lyons ist „Science and Technology"-Direktor beim britischen Institute of Ideas und Autor des Buches „Panic on a plate". Die Übersetzung aus dem Englischen stammt von Patrick Schulz und erschien zuerst im Onlinemagazin Novo (www.novo-argumente.com).

Viel Chaos, wenig Geld

Julian Mayrhofer*

Diese kleine Geschichte des jungen Tourismusfachschul-Absolventen und erfolgreichen Showbarkeepers Julian Mayrhofer gibt Einblick in die Gastroszene aus dem Insiderblickwinkel. Wenn Sie, lieber Gast, bei einer gastronomischen Veranstaltung einmal mit überforderten und nicht mehr ganz fehlerfrei agierenden jungen Kellnern konfrontiert sind, denken Sie doch an diese Geschichte. Vielleicht haben Sie dann etwas mehr Verständnis.

Günter Hager

Kaffeesiederball in der Hofburg Wien, Mitte Februar 2017, über 5.000 Gäste. Ein siebenköpfiges Team aus jungen St. Pöltner Gastronomen soll den Redoutensaal mit knapp 450 Gästen übernehmen. Geplant ist ein luxuriöses Wein- und Champagnerservice plus vereinzeltes Speisenservice. Grundsätzlich sollte das mit sieben Leuten kein Problem sein. Wir alle freuen uns auf einen nicht allzu stressigen und hoffentlich Trinkgeld-reichen Abend. Was wir aber nicht ahnen konnten: Zwei Stunden vor Arbeitsbeginn wurde unser Team um drei Kellner verkleinert. Der Grund: Dem Chef des Cateringunternehmens, das uns engagiert hatte, erschien der Umsatz des Vorjahres als zu gering. Also begann er zu rechnen: Weniger Kellner = weniger Lohn = mehr Gewinn. Zumindest theoretisch, denn dass nur vier Kellner für knapp 450 Gäste zu wenig sind, hatte er nicht mit einberechnet. Natürlich waren wir vier maßlos überfordert, die Wartezeiten auf Getränke und Speisen stiegen drastisch. Die Gäste wurden verständlicherweise sauer, was sich einerseits am Trinkgeld, andererseits natürlich auch am Umsatz bemerkbar machte. Der erwartete, nicht allzu stressige und erfolgreiche Abend entwickelte sich zu einem 18-Stunden-Horror-Marathon.

Doch die Krönung des Abends kam noch. Aufgrund der massiven Unterbesetzung passierten leider auch hin und wieder Fehler. Unsere Runner (helfen beim Servieren, räumen Tische ab und säubern sie) vergaßen teilweise, bereits annoncierte Speisen abzuholen und zu servieren. Oder die Gäste gingen tanzen und kamen nicht wieder an ihren Tisch zurück. Die halbe Flasche leer, nichts bezahlt und – puff – weg war der Gast! Unser Arbeitgeber ging davon aus, dass natürlich wir in die eigene Tasche kassiert hatten. Also mussten wir Vier sämtliche nicht beglichenen Rechnungen und die im Stand fehlenden Flaschen aus unserem Trinkgeld-Topf bezahlen.

Das Ergebnis der Mühe: 18 Stunden Dauerlauf, unzählige Beschimpfungen von Gästen, null Euro Trinkgeld und das bei einem Gesamtlohn von Euro 170!

*Julian Mayrhofer ist Absolvent der Tourismusschule St. Pölten (Niederösterreich) und war mit 15 Jahren jüngster Showbarkeeper Österreichs. Bei der Showbarkeeper-WM 2017 in Paris wurde er als jüngster Teilnehmer weltweit Sechster.

Zukunft Gastro

Julian Mayrhofer*

Österreich hat mit den Tourismusschulen einen erstklassigen Ausbildungszweig. Die Absolventinnen und Absolventen dieser Schulen sind weltweit gefragt, viele Österreicher machen in fernen Ländern große Karrieren. Deshalb stellt sich auch für viele die Frage: Warum werden denn in Österreich so viele Touristiker und Gastronomen ausgebildet, wenn die dann ohnehin ins Ausland gehen bzw. nach Abschluss einen anderen Beruf ergreifen? Ich selbst habe zwei meiner insgesamt vier Praktika im Ausland absolviert: eines in Verona in Italien, eines auf Trinidad und Tobago in der Karibik. Beide Praktika habe ich als sehr lehrreich und bereichernd empfunden. Nicht nur aus der Sicht der Praxis und aufgrund der verschiedenen Arbeitstechniken, die ich kennenlernen durfte, sondern auch aus kultureller, sprachlicher und menschlicher Sicht. Ich habe in der Gastronomie schon immer die Chance gesehen, die Welt zu bereisen und überall arbeiten zu können. Auch wenn meine Pläne mich zurzeit auch ins Ausland bringen werden, bin ich mir sicher, dass meine Zukunft in der österreichischen Gastronomie liegt. So sie dann noch vorhanden ist …

Ein großer Teil der Tourismusschulen-Absolventen geht nicht ins Ausland. Aber leider nicht, weil sie in Österreichs Gastronomie eintauchen, sondern weil sie überhaupt der Branche den Rücken zukehren. Ein Teil des Problems liegt meiner Ansicht nach in einem gewissen Gruppenzwang: Wer Matura hat, der muss auch ein Studium antreten. Und dann wird Wirtschaftskunde, Marketing oder Sonstiges studiert. Nebenbei arbeitet man, um das Studium zu finanzieren, in der Gastronomie. Die besten Voraussetzungen hat man ja. Aber danach geht's kaum zurück in die Branche. Und wieder ein mögliches Talent für die Gastronomie verloren!

Einen Grund für den oft fehlenden Nachwuchs in meiner Branche möchte ich auch nicht verschweigen: Manche Lehrer in den Tourismusschulen – vor allem jene, die theoretische Fächer wie Rechnungswesen oder Marketing unterrichten – vermitteln die Ansicht, dass die Gastronomie nur für kurze Dauer eine gute Idee sei und man auf die Hochschule müsse. Andere wieder haben in ihrem Praktikum derart schlechte Erfahrungen gemacht, dass sie der Gastronomie ein für allemal „Auf Wiedersehen" sagen.

Ja, und schließlich sind viele ganz einfach auch nicht wirklich geeignet für diesen Beruf. Manche kommen mit dem teilweise doch recht hohen Druck, der gerade auf junge Praktikanten ausgeübt wird, nicht klar. Vielleicht haben sie auch einfach den falschen Weg eingeschlagen. In so jungen Jahren ist es auch verständlich, dass nicht jeder sofort genau weiß, welchen Job er einmal ausüben möchte.

*Julian Mayrhofer ist Absolvent der Tourismusschule St. Pölten (Niederösterreich) und war mit 15 Jahren jüngster Showbarkeeper Österreichs. Bei der Showbarkeeper-WM 2017 in Paris wurde er als jüngster Teilnehmer weltweit Sechster.

„Österreich isst ..." fördern!

Anita Moser*

Seit vielen Jahren schreibe ich nun die eigenen Erfahrungen meiner Besuche in der heimischen Gastronomie nieder. Von allen gastronomischen Höhen und Tiefen wird berichtet, vom Würstelstandl, der Hauben-Gastronomie, dem bodenständigen Wirtshaus, den Fast-Food-Ketten bis hin zu sämtlichen internationalen Küchen. Von Beginn an war es mir mit der Gründung meiner Facebook-Gruppen ein persönliches Anliegen, die heimische Gastronomie zu stärken. Ich will aufzeigen, welche tollen Gastronomie-Betriebe wir in Österreich haben. Anhand eines persönlichen, niveauvollen Feedbacks will ich den Mitarbeitern der Gastronomie Wertschätzung für ihre tägliche „Knochenarbeit" entgegenbringen. Eine geleitete, respektvolle öffentliche Kommunikation zu führen, bildet dabei die Basis. Was nicht immer leicht ist, denn die Menschen sind verschieden, und oft fehlt das Verständnis.

Meine unentgeltliche Administratorinnen-Arbeit in beiden Gruppen bildet dazu seit Jahren die gesunde Basis. Über die Jahre hinweg entstanden dadurch auch so manche persönlichen Erkenntnisse und Weisheiten. Heute wage ich zu behaupten, die Trends der Gastronomie sehr genau deuten und analysieren zu können: Es ist einerseits das bodenständige Wirtshaus mit der guten Hausmannskost und einem vernünftigen Preis-Leistungs-Verhältnis, welches wieder vermehrt den Zuspruch findet und verzweifelt gesucht wird. Anderseits wünschen sich die Gäste für besondere Anlässe innovative Gastronomen mit moderner, kreativer Küche auf Hauben-Niveau. Daneben gibt es die System- und Fast-Food-Gastronomie sowie die internationale Küche, die die Marktwirtschaft ankurbeln und vor allem junge Konsumenten ansprechen.

Tatsache ist auch, dass die bodenständigen Wirtshäuser und die gehobenen Küchen von unseren regionalen (Bio-)Bauern mit Eiern, Brot, Gemüse, Fisch und Fleisch beliefert werden und damit auch die regionale Wirtschaft beleben. Es sind nicht die Lokale der Asiaten und Italiener oder die Gastro-Ketten, die unseren Bauern Umsatz schenken – es ist die bodenständige Wirtshausküche, die wir für den Erhalt der ländlichen Betriebe auch dringend in der Wertschöpfungskette benötigen. Unsere Familienfeste und Feiern halten wir nicht in der Fast-Food- oder Systemgastronomie ab, sondern beim Wirten ums Eck. Ihm vertrauen wir seit Jahren, hier genießen wir bestes Service, er hat auch sonntags offen. Wir Gäste wünschen uns, dass der Fokus stärker auf die Förderung dieser lokalen Gast- und Wirtshäuser und auf die gehobene Küche Österreichs gelegt wird, anstatt dass Bürokratie und Auflagen die Arbeitsbedingungen ständig erschweren.

Es waren nicht wir Gäste, die sich eine Registrierkassen-Pflicht gewünscht haben. Ganz im Gegenteil, als Privatperson benötige ich selten eine Rechnung und bemitleide jeden Gastronomen, der Barbelege druckt und danach aufgrund der Ablehnung des Gastes wieder massenweise im Mülleimer entsorgen muss. Selbst die Raucher-Thematik sehe ich als strikte Nichtraucherin kritisch. Obwohl zurzeit die Gäste noch die Wahlmöglichkeit zwischen Raucher- oder reinen Nichtraucher-Lokalen haben, trennt sich bereits die Spreu vom Weizen. Gäste, die das Bedürfnis des Rauchens verspüren, haben „ihre" Lokale bereits gefunden – Gleiches bei den Nichtrauchern. Der gesetzliche Zwang oder die Überregulierung wäre nicht zwingend nötig gewesen und belastet eher das friedliche gastronomische Zusammenleben zwischen Rauchern und Nichtrauchern. Die Menschheit wird sich immer aus beiden Spezies zusammensetzen – mit Verboten zwingt man eine davon immer in die Knie, egal welche …

Wir Gäste spüren durchaus den berechtigten Unmut mancher Gastronomen, die den Kampf mit der auferlegten Gesetzeshürde jeden Tag aufs Neue leben müssen. Kaum scheint eine Neuerung verdaut und implementiert, taucht die nächste Hürde in den Medien auf. Es sollten die Arbeitsbedingungen gelockert und attraktiver werden, damit sich junge Menschen für die Berufsbilder in dieser Branche wieder faszinieren können. Die regionale Gastronomie braucht eine Wirtschaftsförderung mehr denn je und dringendst. Der Trend „Österreich isst …" ist stärker denn je – nützen wir die Chance und fördern wir diesen Trend auf allen Ebenen – für uns, für unser Land, für unsere Menschen!

* Anita Moser, IT-Fachfrau und Gründerin der erfolgreichen Facebook-Gruppen „Linz isst…" und „Österreich isst …" mit weit über 30.000 Gruppenmitgliedern.

Schützenswertes Kulturgut

Christian Mook*

Nicht nur in Österreich stehen Gastronomen unter massivem Dauerbeschuss der Regierung. Auch in Deutschland hat der Staat der Hospitality-Industrie in den letzten Jahren einige sehr brutale Wirkungstreffer versetzt. Speziell die ethisch geführte Speisegastronomie leidet immer mehr unter einer völlig grotesken Überbürokratisierung und einer extrem unfairen Fiskalpolitik. Wer sich näher mit der Materie beschäftigt, stösst dabei ständig auf völlig irrsinnige Schildbürgerstreiche der Regierung. Beispielsweise wird ein Caterer, der seine Gäste ökologisch korrekt mit wiederverwendbarem Bain-Maries *(Küchengerät zum Warmhalten der Speisen)*, Porzellan-Geschirr und Metall-Besteck bewirtet, mit dem vollen Mehrwertsteuersatz von 19 Prozent drangsaliert.

Wer seine Kunden mit Plastikbechern, Einweggeschirr und Plastikbesteck bewirtet, muss lediglich sieben Prozent Mehrwertsteuer an den Staat abführen. Heutzutage weiß man vom „Great-Pacific-Garbage-Patch" *(Plastikmüll in den Ozeanen)*, und welche katastrophalen Folgen sekundäres Mikroplastik auf das globale Ökosystem hat. Nichtsdestotrotz fördert die Regierung durch ihre absurde Fiskalpolitik weiterhin proaktiv die Zerstörung unserer Ozeane.

Aber es geht noch weiter: Warum wird beispielsweise ein ethisch aufgezogenes Bio-Hähnchen in der personalintensiven Individual-Gastronomie noch mit dem vollen Mehrwertsteuersatz von 19 Prozent abgestraft, während ein in industrieller Qualzucht produziertes Take-Away-Chicken bei einem Fast-Food-Konzern mit lediglich sieben Prozent besteuert wird? Während all diese grotesken Steuergesetze wie in Stein gemeißelt verharren, beginnen immer mehr handwerklich seriös arbeitende Betriebe unter der erdrückenden Steuerlast zu straucheln. Dabei reicht das Spektrum vom einfachen Landgasthof bis zum Spitzenrestaurant. Die deutsche Regierung ist aber trotzdem weiterhin der Ansicht, dass nur die florierenden Lebensmittel-Discounter und Fast-Food-Ketten in den Genuss eines reduzierten Mehrwertsteuersatzes kommen sollten. Also jene Konzerne, die durch kreatives Financial-Engineering ohnehin meistens nur sehr wenig Steuern in Deutschland entrichten müssen.

In manchen deutschen Anrainerstaaten verfolgt man eine völlig andere Philosophie. Dort gelten Restaurantbesuche und das zivilisierte Essen von gesunder und handwerklich hergestellter Nahrung als schützenswertes Kulturgut. In Frankreich und Österreich müssen Wirte deshalb nur zehn Prozent Mehrwertsteuer entrichten. In der Schweiz werden acht Prozent fällig und in den Niederlanden sogar nur sechs Prozent. Lediglich in Deutschland wird die Speisegastronomie auch weiterhin mit dem vollen Mehrwertsteuersatz von 19 Prozent abgestraft. Das Ganze ist natürlich nicht nur aus ernährungsphysiologischer Sicht ein total falsches Signal, sondern im europäischen Kontext auch ein eklatanter Wettbewerbsnachteil. Aber anstatt endlich diese massive Steuer-Ungerechtigkeit zu beseitigen, belastet der Staat die ohnehin schon schwer gebeutelte Hospitality-Industrie noch zusätzlich mit ständig neuer kostenintensiver, komplexer und teilweise sogar hochriskanter Bürokratie.

Ein Beispiel dafür ist das Ende 2014 eingeführte Allergenkennzeichnungsgesetz. Die Verordnung soll den Verbraucher angeblich vor den dramatischen Folgen allergischer Reaktionen beschützen. Hört sich für einen Laien eigentlich nach einer guten Sache an. In Wahrheit verbirgt sich hinter dem euphemistischen Wording allerdings ein schreckliches Kuckucksei. Denn was uns die Politiker hier als Verbraucherschutzmaßnahme verkaufen wollen, ist in Wirklichkeit das Ergebnis einer ganz „hervorragenden" Lobbyarbeit. Die klugen Spindoktoren der großen Lebensmittelkonzerne haben lange für diese dramatisch „verbesserte" Kennzeichnungspflicht gekämpft. Praktisch alle allergenrelevanten Zutaten müssen nun künftig ausgewiesen werden.

Man muss sich aber auch einmal die grauenhaften Folgen der Verordnung vor Augen halten: Ab sofort ist damit eine nicht komplett gekennzeichnete „Plat du Jour" ein Gesetzesverstoß. Wie sollen Wirte so zeitnah, kreativ, regional und wirtschaftlich sinnvoll arbeiten? Die Lebensmittelindustrie kann hingegen die geforderten gesetzeskonformen Gerichte und Zutaten problemlos liefern. Natürlich inklusive der perfekt korrespondierenden Legenden. Auch die großen Fast-Food-Konzerne mit ihrer Armee von geschulten Ökotrophologen haben mit der neuen Kennzeichnungspflicht sicherlich keinerlei Probleme. Was machen aber leidenschaftliche Gastronomen, die gesund, marktfrisch und saisonal kochen möchten? Seit der Einführung der völlig weltfremden Zeiterfassung-Verordnung haben ethnisch arbeitende Individual-Gastronomen ohnehin keine Zeit mehr für nichts.

Das Allergenkennzeichnungsgesetz geht also nicht nur in eine völlig falsche Richtung, sondern ist für Wirte auch ein teurer, riskanter und niemals endender Verwaltungsakt. Die Zahl der allergenindizierten Erkrankungen ist in den letzten Jahren sicherlich gestiegen. Allerdings sind sich die meisten Ernährungsexperten darüber einig, dass dies speziell auf die vermehrte Verwendung von industriell gefertigten Convenience-Produkten zurückzuführen ist.

Jetzt möchte die Politik das Übel bekämpfen, indem sie Gastronomen dazu nötigt, mehr Fertigprodukte zu verwenden. Das Verbraucherschutzgesetz dient deshalb primär den kaufmännischen Interessen der Industrie, eine Verbesserung für die allgemeine Volksgesundheit stellt das Gesetz aber sicherlich nicht dar. Die Verbraucher benötigen ohnehin keine Agrarchemiekonzerne, Politiker, Fast-Food-Ketten und Lobbyisten, die sie vor natürlicher Artenvielfalt, bäuerlich erzeugtem Olivenöl, krummen Gurken und frisch zubereiteten Speisen schützen. Was sie wirklich brauchen, ist eine geöffnete Gaststätte, in der der Wirt noch genug Zeit und finanzielle Mittel hat, um sie auch weiterhin mit gesunder und handwerklich seriös hergestellter Nahrung zu versorgen. Die inhabergeführte Individual-Gastronomie ist nicht nur Kulturgut und ein wichtiges soziales Habitat, sondern auch ein wahrer Jobmotor, der erfüllende und lebenswerte Arbeitsplätze schafft.

Die Politik muss nun schnell handeln, sonst ist bald der Point-of-no-Return erreicht. Leider sieht es momentan nicht danach aus. Wir müssen deshalb besonders auf der Hut sein. Speziell wenn Politiker wieder anfangen, von Volksgesundheit, Harmonisierung oder Sicherheit zu sprechen. Mit diesen Floskeln führen sie nämlich meistens nichts Gutes im Schilde.

Zum Schluss möchte ich noch eine Anekdote aus unserem umfangreichen Problemkatalog schildern: Momentan müssen wir uns nämlich mit einem besonders skurrilen Fall beschäftigen. Obwohl wir über genehmigte und ausreichend dimensionierte Fettabscheider verfügen, obwohl wir unsere Teller immer ordentlich in die Tonne abstreifen und obwohl wir ausschließlich mit erlaubten Spülmitteln hantieren, leiten wir neuerdings angeblich zu viel Fett in die städtische Kanalisation ein. Bei den regelmäßigen Kontrollen fallen diese Überschreitungen natürlich auf und führen so zu ständig neuen Gebührenbescheiden. Wir verhalten uns absolut gesetzeskonform und haben darüber hinaus auch keinerlei Möglichkeiten, unseren Fettgehalt im Abwasser zu regulieren. Jemanden mit Pönalen zu belegen auf Dinge, auf die er keinen Einfluss hat, ist per definitionem keine Strafe, sondern nichts weiter als eine getarnte Steuer. Immerhin hat sich der Staat so wieder ein hübsches residuales Einkommen geschaffen. Leider mal wieder auf Kosten der armen Wirte. Aber wie heißt es so schön auf den Promotion-Shirts des berühmten Comedian-Kollektivs „Wisecrack"?

Mossack & Fonseca: Because Taxes are for poor People! *(Mossack & Fonseca: Weil Steuern etwas für Arme sind!)*

Zur Erklärung: „Mossack & Fonseca" ist ein Rechtsdienstleistungsunternehmen mit Sitz in Panama!

* Christian Mook (Frankfurt) besitzt mehrere Restaurants in Deutschland und ist Herausgeber des Magazins „Mook".

Heute wurde ein Wirt begraben

Dorli Muhr*

Er war mein erster Arbeitgeber. Mit 16 habe ich nämlich beschlossen, nicht mehr als Gast zu Bällen im Dorf zu gehen. Ich fand es demütigend, warten zu müssen, ob und wer mich zum Tanz holt. Zuerst natürlich der Vater, dann der Onkel, dann die Freunde der Eltern, die am gleichen Tisch saßen. Bis sich Gleichaltrige heranwagten, war es meist Mitternacht und die Ausdünstung der nunmehr Mutigen kaum zu ertragen. In meiner Tanzschule stand ich auf der Schwelle zum Turniertanz. Hier ging es zwei links, eins rechts, und manchmal rutschte eine schweißnasse Hand an Stellen, was bei mir zur sofortigen Erstarrung führte. Ich beschloss also, aufs Tanzen bei Bällen zu verzichten. Als mir der Wirt aus dem Nachbardorf, der heute begraben wurde, anbot, bei seinen Bällen zu kellnerieren, war ich sofort dabei. Mit Tablett und Geldtasche ausgestattet, beobachtete ich mitleidig, wie die Jugendlichen mit jedem Gspritzten, den ich brachte, mutiger wurden, und fühlte mit den Mädchen. Ich mutierte vom Opfer zur Beobachterin und verdiente noch dazu mächtig Geld.

Leider musste ich einen Teil davon nach einem Anruf am nächsten Morgen wieder abgeben. Bei einem Gast hatte ich vergessen, 500 Schilling Wechselgeld zurückzugeben. Dieser Gast ist heute für die Arbeitseinteilung meiner Weingartenarbeiter zuständig. Er ist mir also nicht bös. Wir trafen einander vor der Kirche.

Der Bürgermeister des Ortes, in dem meine Weinberge liegen, hat mir sehr geholfen, dieses Arbeitsteam zu finden. Es war nicht leicht, denn wo Weinberge zum täglichen Anblick gehören, ist die Arbeit darin gering geschätzt. Als der Bürgermeister 12 oder so war, hatte ich ihn angehimmelt, denn er war der allercoolste Schlagzeuger, den ich kannte, und er spielte in einer Boygroup beim Kinderfasching in besagtem Wirtshaus. Wir trafen einander heute vor der Kirche. Nur 150 Meter davon entfernt das Wirtshaus. Es hatte eine lange, metallbeschlagene Theke, hinter der der stets freundlich lächelnde Wirt stand und aus den holzvertäfelten Kühlschrankfächern Kracherl und Frucade hervorholte oder Biere zapfte und Gspritzte aus Dopplerflaschen einschenkte. Der Gastraum hatte fünf große Tische, und niemals wäre es mir eingefallen, an jenem Platz zu nehmen, wo das Stammtischzeichen stand. Dort saßen stets die Gleichen. Meistens beim Schnapsen. Für sie sperrte der Wirt auch noch lange nach seiner Pensionierung einmal die Woche auf.

Der große Saal dahinter wurde nur für Sitzungen, Versammlungen und Tanzveranstaltungen geöffnet. Bei Bällen gab's Schnitzel mit Pommes oder Naturschnitzel mit Reis oder Schweinsbraten mit Kraut und Knödel. Letzteren zu servieren war stets eine Herausforderung, denn der Bratensaft war üppig. Und zu Mitternacht kam die Gulaschsuppe. In der Küche arbeiteten drei bis vier Frauen in weißen Schürzen und mit weißen Kopftüchern. Sie richteten das Essen so liebevoll an, dass es zwar lange dauerte, aber es schmeckte richtig, richtig köstlich. Die Küche war backstage. Die Frauen fragten mich, wie es draußen läuft, ob die Stimmung gut ist und welcher Gast was bestellt hat. Der Wirt hielt mich immer wieder auf, wenn ich an der Schank vorbeilief, und sagte: „Komm, trink was. Die Gäste bleiben eh die ganze Nacht. Die rennen nicht davon." Das fiel mir ein, als der Pfarrer, ein unterhaltsamer Pole, über den Wirt sagte, dass er wahrscheinlich besser für die Seelen sorgte als jeder Seelsorger. Ein guter Wirt ist wichtiger als ein Arzt. Bei ihm kann man abladen, wozu man beim Arzt gar nicht mehr kommt. Früher gab's im Nachbarort zwei Wirtshäuser und in meinem Dorf vier. Eines nach dem anderen sperrte zu. Im Wartezimmer saßen immer mehr Menschen, der Parkplatz davor ist ständig überfüllt. Vielleicht kann jemand mal dem Hauptverband der Sozialversicherer einen Tipp geben?

Die Trauergemeinde machte sich auf den Weg von der Kirche zum Friedhof. Es war eines jener seltenen Begräbnisse, bei denen die Männer in der Mehrzahl sind. Am Friedhof okkupierten sie schnell den kleinen Schattenstreifen, den die Baumreihe spendete. Da standen sie nebeneinander, eine lange Reihe ehemaliger Gäste, die ihrem letzten Wirt das letzte Geleit gaben.

Die kleine Blasmusikgruppe kam aus der Slowakei, sie war gut gebrieft, denn die zweite Strophe von „Ich hatte einen Kameraden" intonierte sie so fröhlich, dass ich den Wirt wie leibhaftig vor mir stehen sah. Er schlug mit dem Fuß den Takt mit, nickte mir freundlich zu und lud mich ein, mit ihm ein Achterl zu trinken.

Ich hätte ihm gerne erzählt, dass ich die letzte Nacht mit diesen wunderbaren Gelinaz!-KöchInnen** im Mühltalhof *(Neufelden, Oberösterreich)* verbracht habe. Wie enthusiastisch sie sind, dass sie aus aller Welt kommen und sich nun mit Reinanken und Erdäpfelgulasch auseinandersetzen. „Geh", tät er sagen, „das ist aber schön." Und dann würde er fragen: „Und was trinken sie dazu?"

Ich werde ihn vermissen.

* Dorli Muhr ist Winzerin und PR-ExpertIn.

** Gelinaz! ist ein internationales Kochkulturkollektiv mit Köchinnen und Köchen von Weltrang.

Vom Kreuzzug gegen Raucher

Gunnar Sohn*

Die Tabaksteuer ist wieder erhöht worden. Zur moralischen Maßregelung kommt die fiskalische Schröpfung. Der Staat agiert hyperaktiv – oder würde man fettes Essen, Nachmittagstalkshows und Sommerschlussverkäufe verbieten wollen?

Schon jetzt müssen pro Schachtel 60 Prozent an den Fiskus abgedrückt werden. Pro Jahr sind das satte 14 Milliarden Euro, die der Bundesfinanzminister über die Glimmstängel in den Bundeshaushalt spült und für Dinge ausgeben kann, die mit dem Akt des Rauchens gar nichts zu tun haben. Geringfügige Gegenleistungen über Raucherkabinen oder nette Räumlichkeiten in öffentlichen Gebäuden für den steuerlich so wichtigen Nikotingenuss würden in der Nichtraucherfraktion des politischen Personals sofort einen Sturm der Entrüstung auslösen. Denn „nur" 25 Prozent der Bevölkerung in Deutschland sind Raucher. Warum sollte man deshalb auf die Bedürfnisse von 21 Millionen Menschen Rücksicht nehmen? Die Mehrheit der Nichtraucher ist jederzeit gegen die Minorität der Raucher mobilisierbar.

Ein eindrucksvolles Beispiel lieferte der Anti-Raucher-Volksentscheid im Lederhosen-Freistaat. Wo kommen wir denn hin, wenn Eigentümer von Kneipen, Restaurants oder Bierzelten auf irgendwelche nebensächliche Grundrechte pochen und verfügen würden, Raucherzonen festzulegen oder konspirative Raucherclubs zu gründen, um Nichtrauchern das Leben zur Hölle zu machen? Sollen aus wirtschaftlichen Gründen etwa Asbesthersteller weiterhin Asbest verbauen dürfen, fragte sich ein „FAZ"-Feuilletonist. Oder einer meiner Nachbarn mit lauter Musik von Metallica in den Wahnsinn getrieben wird?

Nach der Mehrheit-ist-Mehrheit-Logik müssen schädliche Raucher gemaßregelt werden: fiskalisch und moralisch. Mit dieser bequemen Dialektik kann man ein Viertel der Gesellschaft nach allen Regeln der Kunst schurigeln, kujonieren und schikanieren. Das Hochgefühl, das diesem Tun entspringt, ist umso köstlicher, je mehr es mit dem Bewusstsein des Rechthabens verbunden ist. Das ist der Grund, weshalb die selbst erklärten Moralapostel ständig nach der guten Sache Ausschau halten, in deren Dienst sie treten können – und in deren Dienst sie die anderen treten können. Neben der Verfehlung des Rauchens gibt es eine Vielzahl von weiteren Empörungsspielplätzen: Glücksspiele, Flatrate-Partys, Mülltrennung, Hunde oder Killerspiele. Hier bietet sich eine gigantische Palette von Zurechtweisungs- und Erniedrigungsmöglichkeiten unter dem Horizont polizeilicher Verfolgungsfantasien: „Wenn Argumente fehlen, kommt meist ein Verbot heraus", so ein Aphorismus des Schriftstellers Oliver Hassencamp („555 kandierte Sätze: Aphorismen", 1987), der mit den „Burg Schreckenstein"-Geschichten bekannt wurde. Wenn man im öffentlichen Diskurs Menschen zur Unperson erklärt, erübrigen sich weitere Diskussionen. Raucher haben gefälligst die Schnauze zu halten.

Vergessen scheint der Satz des ehemaligen italienischen Staatspräsidenten Alessandro Pertini, wonach man Toleranz von den Rauchern lernen könne – denn noch nie habe sich ein Raucher über einen Nichtraucher beschwert. Mit grenzenloser Aggression äußern selbstberufene Gesundheitsapostel immer neue Schreckensmeldungen über die Schädlichkeit des Tabakgenusses und insbesondere des Passivrauchens. „Sie wollen ein Kulturphänomen total aus der Öffentlichkeit vertilgen und liquidieren", kritisiert der Philosoph Robert Pfaller in seinem Buch „Das schmutzige Heilige und die reine Vernunft". Der Tabakrauch werde als etwas Exkrementelles herabgewürdigt. Die Anwesenheit von Nichtrauchern mit einem Raucher im selben Wohnzimmer gleiche dem Schwimmen in einem Pool, in den jemand pinkelt. Dabei sei die Politik der Rauchverbote ein typisches Beispiel einer Pseudopolitik. „Eine Politik, die ihre entscheidenden Aufgaben verabsäumt, wird, um davon abzulenken, gerne auf einem Nebenschauplatz hyperaktiv", meint Pfaller.

Mit den inflationären Präventionsmaßnahmen erteilt sich der Staat eine Blankovollmacht für Eingriffe ins Privatleben. Egal, ob es um Datenschutz, Rauchverbote, Ernährung, Energieverbrauch oder Bildung geht. Vielleicht bin ich schon ein Opfer der Social-Media-Sucht und muss daher vor mir selbst beschützt werden. Dann kommt „die Ilse" und sagt, wie ich das Internet gefälligst zu nutzen habe. Und die Probleme gehen niemals aus, um neue Regeln zu schaffen.

Es könnten laufend neue hinzudefiniert werden, so die Publizisten Dirk Maxeiner und Michael Miersch. Irgendwann gehöre jeder zu einer Problemgruppe. Was ist mit den Fernsehsüchtigen, den Autosüchtigen, den Kaufsüchtigen? Verdienen sie nicht ebenso Zuwendung, Beratung und Hilfe wie Raucher und Übergewichtige? „Die Tendenz, Deutschland (und die EU) in einen Kindergarten zu verwandeln, greift die Fähigkeit des Einzelnen an, Situationen richtig einzuschätzen und sich dementsprechend zu verhalten", moniert die Schriftstellerin Thea Dorn. Das fängt bei der Beleuchtung meiner vier Wände an und hört bei Sondersteuern auf, um den Konsum von Schokolade, Eis und süßer Limonade fiskalisch zu bestrafen. Das ganze Spektakel wird wehrlos zur Kenntnis genommen, weil es so bequem ist, „unmündig zu sein" (Immanuel Kant). Habe ich ein Buch, das für mich Verstand hat, einen Seelsorger oder Datenschützer, der für mich Gewissen hat, einen Arzt, der für mich die Diät beurteilt, so brauche ich mich ja nicht selbst zu bemühen. Ich habe nicht nötig zu denken, wenn ich nur bezahlen kann; andere werden das verdrießliche Geschäft schon für mich übernehmen. Typisch deutsch, ach nee, in Brüssel ist es ja ähnlich. Ich möchte den liebwertesten Gichtlingen unter den 21 Millionen Rauchern keine Empfehlung geben, die mir die Steuerfahndung auf den Hals hetzt. Aber die von der EU verbotenen Glühbirnen kaufe ich im XXL-Paket ganz legal in Bosnien.

* Gunnar Sohn ist Wirtschaftspublizist und Herausgeber des Online-Magazins NeueNachricht. Der Artikel ist zuerst auf der Website des Online-Debattenmagazins The European erschienen. Gekürzte Version.

Regionaler Grünspargel mit Auflagen

Karl Ferdinand Velechovsky*

Das Nussböckgut bzw. die Familie Velechovsky produziert seit dem Jahr 1987 regionalen Grünspargel. Wenn man uns mit den industriellen Produzenten in Peru, Mexico oder China (ja, liebe Leser, von dort kommt der Supermarktspargel) vergleicht, sind wir flächenmäßig nicht einmal eine Nachkommastelle eines durchschnittlichen Produzenten. Wenn man der Politik Glauben schenkt, ist die kleinbäuerliche Struktur in Österreich ausschlaggebend für unser Landschaftsbild und von eminent wichtiger Bedeutung für den Tourismus und somit für die Wirtschaft. Es versteht sich von selbst, dass wir mit unserer kleinen regionalen Betriebsstruktur deutlich höhere Erzeugerkosten aufweisen als die am Weltmarkt agierende Konkurrenz. Umso wichtiger ist es für uns, Kunden zu haben, die unsere Qualität und Regionalität zu schätzen wissen und bereit sind, höhere Preise als im Großhandel zu bezahlen. Dies sind zu einem Großteil die klassischen Wirtshäuser und die gehobene Gastronomie. Für uns als Betrieb ist das nachhaltige Zusperren von Gastronomiebetrieben zur Existenzbedrohung geworden. Die Systemgastronomie braucht unsere frischen regionalen Waren nicht, dort zählen andere Werte.

Die überbordende Bürokratie macht auch vor uns Landwirten nicht halt. Ein Beispiel: Wir haben einen Mitarbeiter, der schon sehr lange am Hof für uns arbeitet. Außerhalb der Spargelsaison ist eine seiner Aufgaben die Pflege des Rasens rund um das Hofgebäude. Aufgrund seines fortgeschrittenen Lebensalters habe ich mich dazu durchgerungen, einen Rasenmäher-Traktor anzuschaffen, damit er sich bei der Arbeit leichter tut. Die Freude war groß und unser Mitarbeiter war voller Stolz, dass extra für ihn eine Investition getätigt wurde. Dann die Überraschung: Bei der nächsten Behördenkontrolle wurde eine innerbetriebliche Fahrerlaubnis des Mitarbeiters von mir verlangt. Das ist ein „Führerschein", den ich als Betriebsführer auszustellen habe. Für einen Rasenmäher! Darüber hinaus habe ich die Fahrtauglichkeit des Mitarbeiters wiederholt zu überprüfen. Auch war mir nicht klar, dass ich für einen kleinen Rasenmäher-Traktor, der nicht einmal auf der Straße fahren darf, jedes Jahr eine „wiederkehrende Begutachtung gemäß Arbeitsmittelverordnung" durchführen lassen muss. Von einem Gutachter, versteht sich. Na ja, bald wird unser Mitarbeiter wieder einen Rasenmäher schieben …

Ein weiteres Highlight betrifft unsere Spargelsortier- und -waschanlage: Es war meinen Mitarbeitern freigestellt, ob sie während des Wasch- und Sortiervorganges Handschuhe tragen oder nicht – vorausgesetzt, die Hände sind gut gewaschen, selbstverständlich! Manche benutzten Einweghandschuhe, andere nicht. Dies änderte sich nach dem „Besuch" einer öffentlichen Stelle für Arbeitnehmerschutz. Um die Hände zu schonen, müssen entweder Handschuhe getragen oder chemische Hautschutzmittel aufgetragen werden. Wir kamen überein, dass die Verwendung von synthetischen Hautschutzmitteln bei der Handhabung von Lebensmitteln aus meiner Sicht nicht die perfekte Lösung ist. Somit entstand ein Handschuhzwang.

Es wurden mir bestimmte Handschuhe – natürlich die teuersten – ans Herz gelegt, und die neue Richtlinie wurde selbstverständlich prompt umgesetzt. Meine Mitarbeiter trugen ab sofort während der gesamten Arbeitszeit Einweghandschuhe. Der Hygiene wegen mussten diese auch mehrmals täglich gewechselt werden. Da dies eine Arbeitsanweisung war, gab es auch keine Widerworte. Meine Mitarbeiter wissen, dass ihr Chef sonst bei der nächsten Kontrolle Ärger bekommt. Eines Morgens jedoch musste ich einen meiner Mitarbeiter ins Krankenhaus bringen, da sich die Haut von seinen Händen gelöst hatte. Diagnose: Er reagierte allergisch auf die empfohlenen Handschuhe. Einige Wochen später war alles wieder abgeheilt, der Mitarbeiter hat jetzt Handschuhe, die seine Haut verträgt.

Jedoch: 14 Tage nach dem Vorfall bekam ich „Besuch" von einer anderen Behörde. Ihr war zu Ohren gekommen, dass einer meiner Mitarbeiter im Krankenhaus gelandet war …

* Ing. Mag. (FH) Karl Ferdinand Velechovsky, Nussböckgut, Leonding

IV. KAPITEL LÖSUNGSANSÄTZE & ANDERE HOFFNUNGSSCHIMMER

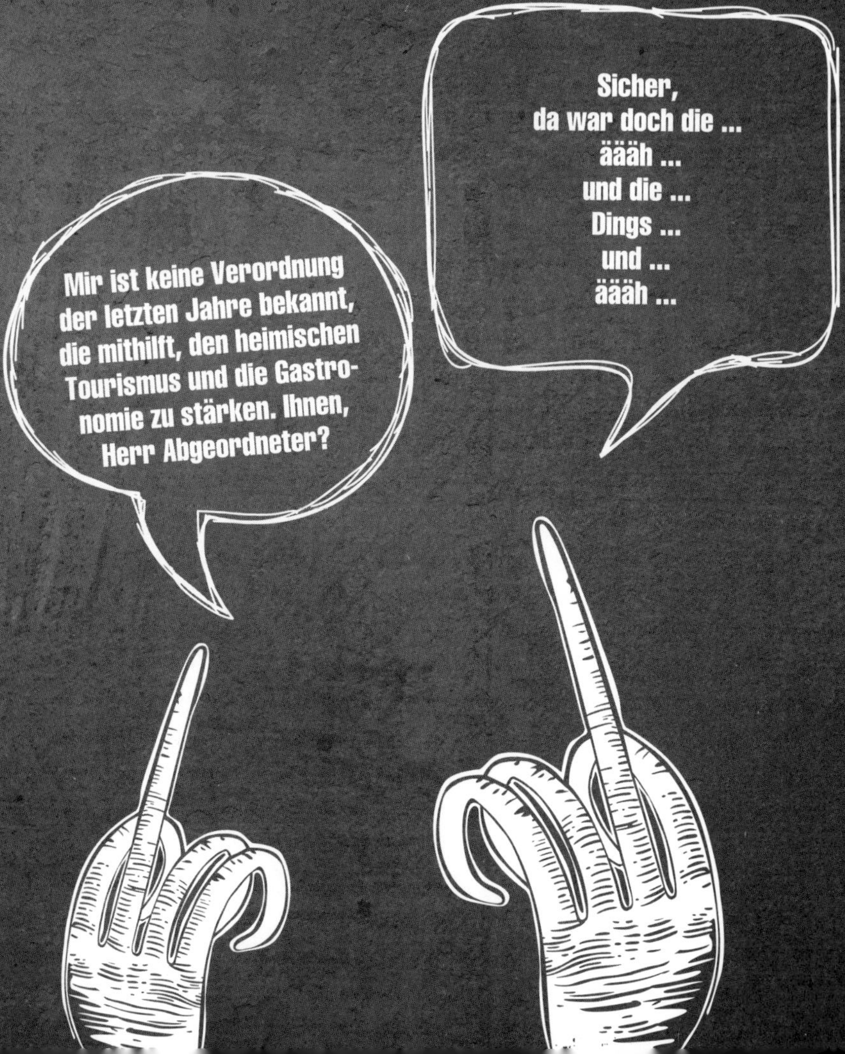

Verbote sind gesellschaftspolitisch schlecht,
weil sie ausgrenzen und abgrenzen
und die Welt noch nie verbessert haben.

Stattdessen gehören Ideen
und Innovationen unterstützt.

Wo Freiraum ist, entstehen
neue Geschäftsideen und neue Jobs.

Facebook-Blogger

Gedanken zur Lehrlingsausbildung

Günter Hager

Um ihren Kindern ein Studium zu ermöglichen, zahlen Eltern oft ein kleines Vermögen für Wohnung, Verpflegung, Studiengebühren, Lehrbücher, zusätzliche Kurse und Seminare. Der Staat finanziert da auch noch kräftig mit. Bei einer Lehre – sagen wir einmal zum Restaurantfachmann/zur Restaurantfachfrau – beträgt das Gehalt im dritten Lehrjahr ca. € 800,– pro Monat. Trinkgeld von etwa € 200,– und Gratisverpflegung (entspricht ca. € 100,– pro Woche) sind eine Selbstverständlichkeit. Und oft ist auch eine Gratisunterkunft dabei. Plus Arbeitskleidung macht das insgesamt rund € 1.400,– pro Monat. Nicht schlecht, oder?

Bedenkt man noch die zwei Monate Berufsschule und die vier Wochen Urlaub – beides vom Unternehmen bezahlt –, kann man unschwer die vielen Vorteile der Lehre erkennen. Vorteile für den Lehrling und seine Eltern, Vorteile aber auch für den Staat. Vorausgesetzt, der frisch Ausgebildete wendet seine Kenntnisse dann auch in Österreich an! Und dafür braucht es halt wieder Betriebe, die gut ausgebildete Fachkräfte benötigen. Dass dies wiederum Wirtshäuser, Restaurants und erstklassige Hotels sind und nicht die Einheits-Systemgastronomie, liegt auf der Hand.

Sei noch der abschließende Gedanke erlaubt: Wöchentlich erreicht mich die Anfrage mindestens eines arbeitsuchenden ehemaligen Studenten, ob ich nicht

Arbeit für ihn hätte. Da stellt sich für mich schon die Frage, warum sie es nicht gleich mit einer Lehre probiert haben. Das hätte ihren Eltern viel Geld fürs Studium und Nerven, dem Staat einiges an Kosten und ihm selbst viel Zeit erspart …

Pauschalverdacht

Anonym*

Aus unserer langjährigen Praxis als Steuerberater können wir berichten, dass seitens der Finanz häufig ein Pauschalverdacht gegen die Gastronomie festzustellen ist. Quasi: „Einen Gastronomen, der nichts am Fiskus vorbeischummelt, den gibt es nicht." Natürlich hat es in der Vergangenheit auch immer Extrembeispiele von Steuerhinterziehungen gegeben und es wird sie wahrscheinlich auch in der Zukunft geben. Aber sicher nicht nur in der Gastronomie, sondern wohl in allen Branchen.

Doch durch diese negative Grundeinstellung hat man der Gastronomie mittlerweile Aufzeichnungsverpflichtungen aufgebürdet, die nicht mehr zu erfüllen sind. Die Registrierkassenpflicht etwa ist zwar ein Weg zur Betrugsbekämpfung, in einigen Bereichen funktioniert sie allerdings nicht, und manchmal führen die Analysen der Kassendaten sogar zu absurden Schlussfolgerungen der Finanz. Im gastronomischen Ablauf, der häufig unter großem Zeitdruck stattfindet, passieren manchmal bei der Bonierung in die Registrierkasse Fehler, die aber im Fall einer Prüfung gegen den Gastronomen ausgelegt werden können. So ist oft festzustellen, dass bei Umsätzen an der Bar, wo oft einzelne Getränke sofort kassiert werden, das Bedienungspersonal am Ende der Schicht mehr Geld abliefert, als in die Kassa eingetippt wurde. Einfach weil in der Hektik die Erfassung in der Kassa vergessen wurde. Da die Kassen nicht nur den einzelnen Artikel, sondern auch den Zeitpunkt der Bestellung und der Bezahlung festhalten, ist es natürlich zu erkennen, wenn nachboniert wurde. Die Folge: Obwohl versucht wird, die Besteuerungsgrundlagen korrekt festzuhalten, produziert man einen Aufzeichnungsfehler. Auch Stornierungen werden mit größtem Argwohn betrachtet. Die gibt es aber in der Praxis, weil sich das Personal in der Hektik nun mal auch vertippen kann.

Das System ist außerdem schon fast nicht mehr anwendbar, wenn man größere Runden – zum Beispiel Stammtische – hat, an denen die Gäste einzeln bezahlen. Die Finanz toleriert nur eine gemeinsame Bonierung des Tisches, wenn die Gäste zeitnah einzeln bezahlen. Wenn einer der Gäste aus der Runde früher gehen möchte, benötigt man dafür eine eigene Rechnung. Nachdem alles auf einen Tisch boniert wurde, erschwert das wieder den Ablauf. Ein ganz massives Problem ist auch das sogenannte Stoßgeschäft, wenn also viele Gäste in kurzer Zeit abzufertigen sind und jeder Artikel boniert und jedem Gast ein Beleg ausgehändigt werden muss. Zeitlich ist das oft einfach unmöglich. Der Finanz ist das zwar bewusst, es werden aber nur ungenügende Versuche unternommen, die Situation für die Gastronomie zu erleichtern.

Es wird also ein mächtiger zusätzlicher Druck auf den ohnehin stressreichen Ablauf in der Gastronomie aufgebaut. Passieren dann – verständlicherweise – Fehler, nimmt man das wieder als Grund für noch mehr Misstrauen. Sofort taucht wieder der Verdacht auf, dass die Abrechnung nicht stimmt und „Schwarzumsätze" getätigt werden.

Ein positiver Ansatz der Finanz war die Pauschalierungsmöglichkeit für kleinere Gastronomiebetriebe. Dabei wurden pauschal 5,5 Prozent vom Umsatz zuzüglich eines Sockelbetrages als Gewinn versteuert. Dies vereinfachte den Verwaltungsaufwand für viele gastronomische Kleinbetriebe und förderte auch die „Entkriminalisierung" dieses Berufsstandes. Doch leider: Diese aus unserer Sicht sehr positive Regelung wurde mittlerweile durch eine neue, wesentlich kompliziertere Lösung ersetzt.

Der derzeitige Anspruch, der an die innerbetriebliche Organisation und Aufzeichnungsverpflichtung einer Gaststätte gestellt wird, ist äußerst hoch und schwer erfüllbar. Man denke nur an die geforderten Aufzeichnungen von Arbeitszeiten, Ruhepausen, Urlauben etc. Bei Verstößen drohen hohe Geldstrafen. Überaus hohe finanzielle Belastungen können auch die Beitragszuschläge der Gebietskrankenkassen bedeuten. Nicht zu vergessen die diversen Verwaltungsstrafen in Zusammenhang mit Meldeverstößen. Eine – auch nur um Minuten – verzögerte Meldung des neuen Arbeitnehmers vor Arbeitsantritt kann massive Sanktionen nach sich ziehen. Auch Strafen, die das Lohn- und Sozialdumpinggesetz betreffen, können existenzielle Ausmaße annehmen.

Minderentlohnung ist nicht tolerierbar, keine Frage, aber wie leicht kann es vorkommen, dass man aufgrund der äußerst komplizierten Entlohnungs- und Abrechnungsregeln in einem Monat ungewollt gegen dieses Gesetz verstößt! Sofort drohen drakonische Strafen, Gnade gibt es kaum.

Ich verstehe nicht, warum diesen Unternehmern das Leben durch überzogene Vorschriften so erschwert wird. Die Gastronomie stellt doch einen nicht unerheblichen Teil unserer österreichischen Kultur dar. Was ich noch weniger verstehe: Dass Betriebe, die alle gesetzlichen Vorgaben missachten und bei denen finanziell für die Verwaltung „nichts zu holen" ist, oft gar nicht zur Verantwortung gezogen werden. Da stürzt man sich lieber auf jene Betriebe, die sich bemühen, die Aufgaben zu erfüllen, und kontrolliert sie wesentlich genauer als die „schwarzen Schafe".

* Ein Steuerberater aus Oberösterreich.

Auszug aus dem „Strafregister"

Peter Dobcak*

Auf verschiedensten Wegen, meisterlich kreativ, ist es dem Gesetzgeber in den letzten Jahren gelungen, der Wirtschaft eine Belastung nach der anderen umzuhängen. Besonders die Gastronomie war dabei als Zielgruppe äußerst beliebt. Dabei geht es nicht nur um neue Steuern. Die Vielfalt der Abgaben überrascht mich immer wieder. Sei es die U-Bahn-Steuer, die Luftsteuer, die Auflösungsabgabe und vieles mehr.

Was allerdings in den letzten Jahren besonders zugenommen hat, sind die meist sofort ausgesprochenen Strafen. War es noch vor wenigen Jahren üblich, bei von der Behörde entdeckten Mängeln eine Frist zur Behebung einzuräumen, wird heute sofort gnadenlos angezeigt und gestraft. Die Strafen erreichen dabei eine Höhe, die im Vergleich zum Delikt völlig unverhältnismäßig ist. Es ist für mich in Ordnung, wenn Wiederholungstäter, besonders im Bereich Schwarzarbeit, ordentlich bestraft werden. Es ist aber nicht okay, für fehlende Befunde oder nicht angebrachte Nichtraucherkleber gleich mit € 250,– bis € 1.000,– oder mehr bestraft zu werden.

Was meiner Meinung nach gar nicht geht, ist die Mehrfachbestrafung bei einem Fehler in der Lohnverrechnung. Passiert etwa ein Schnitzer im EDV-System, der sich dann natürlich in jeder einzelnen Lohnabrechnung wiederholt, wird auch jede einzelne fehlerhafte

Abrechnung als eigenes Delikt bewertet und gestraft! Hat ein Betrieb zehn Mitarbeiter, kommt die Strafe gleich zehn Mal! Da sind einige tausend Euro rasch zusammen. Das gehört abgeschafft!

Noch so ein Beispiel gefällig? Sie haben mit Ihrem Geschäftspartner gemeinsam eine Firma, zum Beispiel in Form einer Offenen Gesellschaft (OG), gegründet. Ein Merkmal einer OG ist die Solidarhaftung. Heißt: Jeder Gesellschafter haftet für die gesamte Schuld. Gläubiger können sich so direkt an den Gesellschafter wenden, ohne vorher die Gesellschaft klagen zu müssen. Doch Achtung: Die Behörde nutzt diese Rechtslage in perfider Weise zur Sanierung des Budgets! Sagen wir, Sie erhalten vom Marktamt wegen eines Hygienemangels eine Strafe über € 500,–. Diese Strafe wird mehrfach ausgesprochen: einmal für die Gesellschaft selbst und dann nochmals für jeden einzelnen Gesellschafter! Sagen wir, Sie haben zwei weitere Gesellschafter, also 3 x 500, macht zusammen € 1.500,– Strafe für Ihre OG.

Der Staat kassiert also drei Mal für ein und dasselbe Delikt! Das gehört meiner Meinung nach sofort geändert!

* Peter Dobcak ist Obmann der Fachgruppe Gastronomie in der Wiener Wirtschaftskammer.

Lehrgeld zahlen

Peter Dobcak*

In regelmäßigen Abständen fordern Gewerkschaft und Politik eine weitere Erhöhung der Lehrlingsentschädigung. Am besten immer gleich ab dem ersten Lehrjahr. Eine Forderung, die wie ein Mantra seit Jahren wiederholt wird. Und seit Jahren wird die Entschädigung auch überproportional zu den Löhnen angehoben. Die Argumentation: „Den jungen Menschen müssen wir etwas zukommen lassen, denn sonst haben wir bald gar keine Lehrlinge mehr." Der Effekt: Trotz aller Erhöhungen steigt weder die Zahl der Lehrlinge noch das Ansehen der Lehre.

Jedem Unternehmer wird klar sein: Kein Unternehmen wird langfristig erfolgreich sein, wenn es nicht wertschätzend mit seinen MitarbeiterInnen umgeht. Im gleichen Maße erwarte ich mir aber auch Wertschätzung und Respekt vor den täglichen Anstrengungen der Betriebe, die die Wirtschaft in Österreich am Laufen halten. Und zwar Wertschätzung durch die Tat und nicht bloß durch schöne Worte, wenn ein Mikrofon oder eine Wahl in der Nähe ist. Denn bleiben wir realistisch: Die Lehrlingsentschädigung steht jetzt schon in keinem Verhältnis zur Qualifikation des Lehrlings, besonders im ersten Lehrjahr. Wenn der Lehrling allerdings im dritten Lehrjahr noch immer nichts kann, ist die Verantwortung beim Lehrbetrieb zu suchen. Ja, und es gibt auch noch Betriebe, die Lehrlinge als billige Arbeitskräfte sehen und sich ihrer Verantwortung bei der Ausbildung zu wenig bewusst sind. Doch die überwiegende Anzahl der Betriebe will, schon allein im eigenen Interesse, hoch qualifizierte Nachwuchskräfte ausbilden.

Drehen wir die Sache einmal um, und stellen wir die provokante Frage: Warum sollen wir Gastronomen und Hoteliers einer Person, die noch kein Fachwissen hat und von unserem Know-how profitieren will, überhaupt etwas zahlen? Sollten wir uns nicht an die alte „Lehrgeld-Zeit" erinnern, in der Lehrlinge bzw. deren Eltern dem Lehrherrn eine Entschädigung für die Ausbildung zahlten? Eine solche Maßnahme würde dem Ansehen der Lehre ein hohes Maß an Wertschätzung von beiden Seiten wiedergeben.

Faktisch die gesamte schulische Ausbildung in Österreich wird von der öffentlichen Hand getragen. Warum nicht auch die betriebliche Ausbildung? Die Schulpflicht endet bekanntlich mit der 9. Schulstufe. Jedes weitere Schuljahr ist „freiwillig" und wird dennoch von der Allgemeinheit bezahlt.

Deshalb mein logischer Schluss: Auch die Lehrlingsausbildung sollte im Sinne der Gleichbehandlung von der Allgemeinheit bezahlt werden.

Ich bin überzeugt, dass es viele sinnvolle Zugänge zu diesem Thema gibt. Auf jeden Fall sollte man sich einmal von dem reflexartigen Lösungsansatz verabschieden, der in solchen Fällen meist zur Anwendung kommt: Die Politiker sagen, was zu geschehen hat, die Unternehmer zahlen. Anstatt uns zu zahnlosen Ausführenden zu degradieren und jede noch so harmlose erzieherische Maßnahme zu kriminalisieren, sollte uns der Gesetzgeber unterstützen. Es geht doch nicht an, dass junge Menschen von klein auf darauf trainiert werden, ihre Rechte einzufordern, es ist hoch an der Zeit, sie auch an ihre Pflichten zu erinnern. Denn eines muss ja auch gesagt werden: „Lehrjahre sind keine Herrenjahre."

* Peter Dobcak ist Obmann der Fachgruppe Gastronomie in der Wiener Wirtschaftskammer.

Wenn ich mir was wünschen darf …

Günter Hager

Mein größter Wunsch: Macht doch mal Pause mit den andauernd neuen Verordnungen und Auflagen!

Nicht die einzelnen Gesetze sind es, die ein Überleben schwierig bis unmöglich machen, sondern die Summe der vielen Belastungen! All das hat den Gewinn in unserer Branche in den letzten 10 Jahren von 12,5 auf lächerliche 1,4 Prozent gesenkt.

Für die klassische (!) regionale (!) Dienstleistungsgastronomie – etwa das Wirtshaus – wünsche ich mir, dass die Mehrwertsteuer auf Speisen (10 Prozent) und Getränke (20 Prozent) auf einheitlich 10 Prozent gesenkt wird.

Und zwar als Mittel zur Erhaltung einer eigenständigen österreichischen Kultureinrichtung, einer wichtigen Ausbildungsstätte, eines „Nahversorgers“ und eines unverzichtbaren Abnehmers regionaler Produkte.

In der Systemgastronomie und Fast-Food-Branche sollten die 10 Prozent Mehrwertsteuer auf Lebensmittel jedoch auf 20 Prozent wie bei Getränken angehoben werden.

Warum? Im Gegensatz zur klassischen Gastronomie bieten diese Betriebe kaum oder keine gastronomische Ausbildung, sie fördern Massentierhaltung und ein weltweit einheitliches Nahrungsmittelangebot, sie beschäftigen Billigkräfte, bieten keinerlei Vorteile für den heimischen Tourismus und fördern die arbeitsplatzvernichtende Automatisierung in der Gastronomie.

Ich wünsche mir, dass die Arbeitszeiten in der Gastronomie an die Bedürfnisse der Gäste angepasst werden. Es gibt nun mal Hochsaisonen, Weihnachtsfeiertage, Silvester, Großevents, Fasching und vieles mehr! Und es gibt nun mal Menschen, die genau zu diesen Tagen vermehrt Serviceleistungen erwarten. Oder wie wäre es, wenn man für Gastronomiebetriebe, die den gewerberechtlichen Auflagen entsprechen, die Öffnungszeiten überhaupt abschafft? Solange Leben auf den Straßen ist, Flugzeuge, Busse und Autos verkehren und in vielen Hotelzimmern und Wohnungen noch Lichter und TV-Geräte leuchten, sollte es doch auch einem Gastwirt erlaubt sein, seine Gäste zu bewirten.

Geschäftsessen sollen wieder voll von der Steuer absetzbar sein.
Das Ende der vollen steuerlichen Absetzbarkeit von Geschäftsessen war eine Maßnahme, von der sich viele Betriebe nie so ganz erholten. Vor allem die gehobene Gastronomie. Die Wiedereinführung der Absetzbarkeit wäre eine einfache und sehr wirkungsvolle Maßnahme.

Die Arbeitszeit der Lehrlinge soll auch bezahlte (!) Überstunden in geringem Ausmaß enthalten dürfen.
Ist es wirklich zu viel von einem Jugendlichen ver-

langt, wenn er ein bis zwei Überstunden pro Woche macht oder ab und zu schon um 6 Uhr früh seine Arbeit beginnt oder auch mal erst um 23 Uhr Schluss macht? Für Extremsport oder Discobesuche ist das ja auch möglich.

Die Kommunalsteuer für Gastronomiebetriebe, die regionale, kulturelle und touristische Bedürfnisse erfüllen, sollte abgeschafft werden.
Jede von den Kommunen selbst errichtete und geführte Kulturstätte kostet um ein Vielfaches mehr, als diese Steuern einbringen! Und das Wirtshaussterben reißt Nahversorger wie Bäcker, Fleischer und Landwirte mit in die Pleite. Stirbt der Wirt, stirbt der Ort – da kann die Kommunalsteuer auch nichts mehr retten!

Mein Wunsch an die Mitarbeitervertretungen: Hört auf mit dem „Negative Campaigning" gegen die Gastronomie! Die Kuh, die man melken will, sollte man auch ab und zu füttern!
Wer seinen Mitgliedern etwas auf Kosten der Unternehmer schenken will, muss auch daran interessiert sein, dass die Arbeitgeber der Mitglieder auch die notwendigen Gewinne schreiben. Sonst sind am Ende die Unternehmen und die Jobs der Mitarbeiter weg. Und wer braucht eine Mitarbeitervertretung, wenn es keine Mitarbeiter mehr gibt? Das politische Kapital, das mancher aus der Schlechtmacherei vielleicht kurzfristig schlägt, ist bald verbraucht. Die

langfristige Folge ist aber, dass mittlerweile die ganze Branche enorm an Attraktivität und Zulauf verloren hat. Was ist so schlimm an Leistung? Wie im Sport sollte sie gefördert werden, damit letztlich alle davon profitieren!

Ich wünsche mir, dass es dem Besitzer einer gastronomischen Einrichtung erlaubt ist, nach wirtschaftlichen Gesichtspunkten zu entscheiden, wie groß die Flächen für Nichtraucher und Raucher in seinem Betrieb sind. Und auch Gastronomie-Angestellte sollen selbst entscheiden, ob sie in Raucher- oder Nichtraucherbetrieben arbeiten wollen.
Ein Gasthaus ist keine öffentlich-rechtliche Betriebsstätte, es wurde mit privaten Geldern finanziert, der Besuch steht jedem frei. Und das Jugendschutzgesetz regelt, was notwendig ist …

Ich wünsche mir eine stark vereinfachte und leicht verständliche Lohnverrechnung.
Eine große Aufgabe, aber wenn man ähnlich viel Energie in die Vereinfachung steckt wie in die Kontrolle, dann müsste das ganz leicht zu bewerkstelligen sein. Stichwort: einheitliche Kollektivverträge!

Bitte mehr praxisorientierte Ausbildung in der Berufsschule und Unterricht in allen zwölf Monaten des Jahres.

Der Markt, das Können und die Leistungsbereitschaft jedes Einzelnen sollen über die Höhe des Gehalts ent-

scheiden und nicht der Wille einer politisch motivierten Arbeitnehmervertretung.

Von der EU wünsche ich mir, dass mehr über Freiheit und Demokratie in einem vereinten Europa der Regionen nachgedacht wird, als über Reglementierungen und den Aufbau von Hindernissen, die den Unternehmergeist bremsen.

Und ich wünsche mir Gäste, die sich ein wenig in die Situation von uns Gastronomen hineindenken, wenn sie sich über lange Wartezeiten, ungelerntes Servicepersonal, ein Überhandnehmen von Fast-Food- und Allerweltsgastronomie und allgemeinen Qualitätsverlust aufregen.

Gratulation an die Politik!

Günter Hager

Es kann kein statistischer Zufall sein. In allen Gesprächen, die ich in letzter Zeit mit österreichischen Unternehmern geführt habe, klagen diese über ständig steigende Steuer- und Abgabenbelastung sowie über die Regulierungswut der Behörden. Sie sind zutiefst frustriert, fühlen sich geringgeschätzt und von niemandem vertreten. Das ist mehr als ein Warnsignal. Dazu drei Beispiele von unzähligen, von denen ich in den letzen Monaten erfahren musste:

Beispiel 1 Ein Gasthof in einem hinteren Winkel der Steiermark, in einigen Restaurantführern als Gourmetrestaurant geführt. Das Lokal ist überaus beliebt, Tische muss man schon lange im Voraus buchen. Dann geht's Schlag auf Schlag: Zunächst das Hin und Her mit dem extra Raucherbereich; eine Riesenbelastung für den Wirt. Danach die Vorschriften zur Ausweisung sämtlicher allergener Stoffe. Und dann … die Registrierkassenpflicht! Für diesen Wirt letztlich der Todesstoß. Denn er hatte sich zwei Jahre zuvor ein funkelnagelneues elektronisches Kassensystem angeschafft. Weil dieses aber nicht den neuen gesetzlichen Vorschriften entspricht, müsste er jetzt wieder in eine neue Registrierkasse investieren. Macht er aber nicht. Er ist 63, wird das Lokal demnächst schließen und in Frühpension gehen. Ein erfolgreicher Kleinbetrieb, einige Arbeitsplätze und eine Bereicherung für das touristische Angebot der Region gehen verloren. *Gratulation an die Politik: Ein weiterer Frühpensionist ist gewonnen!*

Beispiel 2 Ein Unternehmer, der einen kleinen, sehr innovativen Dienstleistungsbetrieb sein Eigen nennt. Von seiner externen Lohnbuchhaltung erhält er ständig neue Konvolute an Merkblättern, die er längst nicht mehr durchschaut. Er muss dennoch unterschreiben, und damit garantieren, all die neuen Vorschriften einzuhalten. Er ist total frustriert, weil er inzwischen einen erdrückenden Teil seiner Arbeitszeit mit der Bewältigung immer neuer bürokratischer Auflagen verbringt. Bei Nichterfüllung drohen hohe Strafen. Jetzt wird ihm auch noch – ohne aktuellen Anlass – aufgezwungen, dass sich seine Mitarbeiter einer Schulung zur „Burn-out-Prävention" unterziehen. *„Der Einzige, der eine Burn-out-Schulung braucht, bin ich selbst"*, meint der Unternehmer bitter. Bei nächster Gelegenheit wird er seine Mitarbeiter abbauen und die kommenden Jahre als Einzelkämpfer zubringen. Bis er zum frühestmöglichen Zeitpunkt seinen Betrieb endgültig zusperren und in Pension gehen kann. *Gratulation an die Politik: Wieder einen frustrierten Unternehmer und einige Arbeitslose gewonnen!*

Beispiel 3 Ein mittelständischer Feinmechanik-Unternehmer, noch keine 60 Jahre alt. In über 25 Jahren hat er außergewöhnliches Know-how erworben und dabei immer alles dafür getan, um seine Produktion weitgehend in Österreich zu behalten. Doch die ständig neuen bürokratischen und steuerlichen Bürden zermürben ihn. Bis er schließlich die Nase voll hat: Er nimmt jetzt das Übernahmeangebot eines internationalen Konzerns an und verkauft sein Lebenswerk! Die Produktion mit hunderten Arbeitnehmern wird wohl aus Österreich abgezogen werden. Reaktion des bisher so patriotisch gesinnten Unternehmers: *„Ich werde mich jetzt halt an interessanten Unternehmen anderer beteiligen. Österreichische Betriebe werden aber sicher nicht dabei sein!" Gratulation an die Politik: Wieder einen Investor in ausländische Unternehmen gewonnen!*

Nicht nur der Unternehmer, jeder einzelne Bürger büßt täglich Wahlmöglichkeiten, Rechte und Freiraum ein. Über allem steht eine Bürokratie, die vorgibt, ihre Bürger schützen zu wollen, sie dabei aber langsam erstickt. Die steigenden Kosten für Verwaltung dieser bürokratischen Aufwände werden durch immer höhere Steuern und Abgaben hereingeschaufelt und künftigen Generationen als Schulden hinterlassen. Als Gegenmaßnahmen schlug die NZZ („Neue Zürcher Zeitung") jüngst – sinngemäß – Folgendes vor:

Einführung einer verbindlichen Regulierungsbremse, Vorgaben zur Reduktion der Fiskalquote und zur Senkung von Ausgaben und Personalaufwand der öffentlichen Hand, automatische Schuldenbremsen auch für die Sozialsysteme. Politik soll daran gemessen werden, ob sie die individuellen Rechte möglichst wenig beschneidet und dafür Chancen, Möglichkeiten und Marktzugang vermehrt.

So „einfach" wäre das. Ob wir in Österreich jemals eine Bewegung in diese Richtung erleben?

Das Jahr hat ... 14 Monate!

Günter Hager

Im Wettbewerb um soziale Vorteile üben sich unsere so fürsorglichen politischen Elitegruppen in beispielloser Kreativität, um ihre Wähler bei Laune zu halten. Dass man für den Einsatz von elf Monaten Arbeit ein Monat Erholung, ja sogar etwas mehr erhält, ist sicherlich eine durchaus wünschenswerte soziale Einrichtung und Notwendigkeit. Dass Wiener Beamte ab dem 60. Lebensjahr sogar sieben Wochen Urlaub bekommen, hatte allerdings nichts mit demokratischer Gerechtigkeit oder etwa mit ausufernder Schwerarbeit der Wiener Beamten zu tun, sondern eher mit dem Stimmenfang des im Wahlkampf befindlichen Bürgermeisters.

Aus Angst um seinen drohenden Wahlverlust versprach er seinen 65.000 Beamten dieses gigantische Wahlzuckerl, um deren Stimmen und die der ebenfalls in den Genuss kommenden Familienangehörigen zu bekommen. Nicht vergessen: Den Urlaub erwirtschaften nicht Beamte oder Bürgermeister und Magistrat. Wie jede andere politisch verordnete Annehmlichkeit wird dies aus dem mühsam verdienten Steuergeld des arbeitenden österreichischen Bürgers finanziert.

Schon mal nachgedacht, dass man im Urlaub auch Anspruch auf Urlaubstage hat? Kaum ist man zurück vom siebenwöchigen Beamtenurlaub aus Lignano, schon hat sich der Anspruch wieder um rund drei Tage verlängert. Ebenso zauberhaft vermehren sich Urlaubstage im Krankenstand, im Mutterschutz und natürlich auch in der versteckten sechsten Woche des großzügig auf Kosten des Unternehmens verordneten Pflegeurlaubes. Die unerklärliche Steigerung dessen beinhaltet sogar, dass vom dreizehnten und vierzehnten Urlaubs- und Weihnachtsgeld Sozialversicherung an die 21 Gebietskrankenkassen zu zahlen ist. Obwohl ja ein Mitarbeiter nur an 12 Monaten krank sein kann! Ähhh, da hab' ich wohl in der Volksschule gefehlt, als man uns das mit dem Jahr und seinen Monaten beibrachte. Großartiges Verhandlungsgeschick der Sozialpartner muss hier vorhanden gewesen sein. Jedenfalls hat man die Rechnung ohne den Wirt gemacht, der eben nur 12 Monate zum Verdienen hat, wenn das Wetter mitspielt.

Wäre da nicht das Schweizer Modell viel besser? Der Mitarbeiter bekommt seinen wohlverdienten und meistens viel höher bemessenen Bruttogehalt für zwölf Monate in voller Höhe ausbezahlt, und nur er bestimmt, wie viel Geld er von seinem Gehalt für seine soziale Versorgung ansparen oder einzahlen will. Die Wahrscheinlichkeit, dass der Schweizer Kollege sein erspartes und angelegtes Geld nach dem Arbeitsleben zurückbekommt und dieses nicht für Wählerstimmenfang verwendet wird, dürfte größer sein als die Chance, dass wir unsere Pensionen, für die wir eingezahlt haben, je in entsprechender Höhe erhalten. Vom immensen Verwaltungsaufwand, der dann entfallen würde, ganz abgesehen.

Aber ... was machen dann die zehntausenden Beamten in den politisch abhängigen Verwaltungen?

Nichts geht mehr

Helmut Peter*

Beamte in Bund, Ländern und Gemeinden haben Gesetze zu vollziehen. Je detaillierter diese Regelung, desto schwieriger für die Frauen und Männer im öffentlichen Dienst.

Es geht schon lange nicht mehr darum, Dinge zu ermöglichen und neue Ideen im Rahmen der zu vielen Bestimmungen umzusetzen. Es geht um die Umsetzung von Vorschriften, die auf Einzelfälle angewandt, oft völlig widersinnig sind.

Der erlassene Bescheid verliert mehr und mehr seine Lösungsorientierung und gerät zum Selbstschutz für die erlassende Behörde. Wer will schon das Risiko einer Amtshaftungsklage eingehen?

Gebt unseren Beamten mehr Spielräume, damit sie verantwortungsvoll sachbezogen entscheiden können, ohne sich im Gewirr der Vorschriften zu verstricken.

* Helmut Peter ist Hotelier-Legende und Alt-Wirt „Im Weißen Rössl am Wolfgangsee“, St. Wolfgang (Oberösterreich).

„Hardcore" I: Bürokratiedschungel

Anonym*

Achtung, hier kommen „Hardcore"-Infos auf Sie zu, liebe Leser! Die folgenden Beiträge von Experten im Personalbereich, Arbeitsrecht, Steuerrecht und Personalverrechnung für die Gastronomie sind keine leichte Kost. Aber, als Selbstständiger muss man sich damit auseinandersetzen. Denn Unwissenheit schützt vor Strafe nicht. Und mit dem Strafen sind sie schnell, unsere Behörden. Viel schneller als mit der Beratung. Aber was erzähle ich Ihnen, wenn Sie selbst Wirt oder Hotelier sind! Wenn Sie aber nicht selbstständig sind, dann nehmen Sie sich doch bitte einmal die Zeit und tauchen Sie ein in die Welt der Verordnungen, in der es vor DB, DZ, Paragraphen, ASVG, EStG, GPLA und KommSt nur so wimmelt.

Günter Hager

Die Tourismusbranche, eine der größten und wichtigsten Wirtschaftszweige in Österreich, schafft nicht nur Arbeitsplätze in der Hotellerie und Gastronomie, sondern ist auch ein wichtiger Bestandteil der österreichischen Gesamtwirtschaft. Aus diesem Grund sollten konstruktive und nachhaltige Lösungen für diese Branche geschaffen werden, die sowohl dem Dorfwirt wie auch der Qualitäts- bzw. Konzernhotellerie zuträglich sind. Es geht uns nicht darum, einzelne Behörden oder Behördenvertreter zu diskriminieren oder zu verunglimpfen. Die zuständigen Behörden und deren Mitarbeiter haben teilweise selbst ihre Not, neue Gesetze und Verord-

* Die Verfasser beziehen sich auf jahrelange Erfahrung bei der Betreuung von über 400 österr. Hotel- und Gastronomiebetrieben. Sämtliche Angaben erfolgen trotz sorgfältiger Bearbeitung ohne Gewähr!

nungen auszulegen und umzusetzen und sollten von neuen Strukturen ebenso profitieren. Die Aufgaben als Unternehmer oder Personalverantwortlicher in puncto Mitarbeitermanagement und Personalverrechnung werden immer komplexer. In den nachstehenden Beiträgen werden Problemstellungen in der Hotellerie und Gastronomie beschrieben. Diese Sachverhalte erschweren die tägliche Arbeit für alle Hotel- und Gastronomiebetriebe und deren Mitarbeiter sowie für die Personalverrechner, Buchhalter und Steuerberater!

Der Bürokratiedschungel. Jede in diesem Bereich tätige Person kennt die konkrete Problemstellung der sehr umständlichen Bürokratie, welche hinter einem ordnungsgemäßen Personalmanagement steckt. Um Überprüfungen standzuhalten, sind sämtliche Unterlagen ordnungsgemäß zu unterzeichnen und aufzubewahren. Das korrekte Ausfüllen von erforderlichen Anträgen und Formularen ist teilweise so kompliziert, dass es dem Unternehmer oder dessen Mitarbeitern kaum mehr möglich ist, dies ohne Hilfe von Fachspezialisten selbst zu bewältigen. Der durch diverse Gesetze und Richtlinien entstandene Mehraufwand in den letzten Jahren schafft nur am Rande neue Arbeitsplätze. Vielmehr bleiben diese Arbeiten am Unternehmen selbst hängen bzw. bei dessen Lieferanten; was wiederum eine Steigerung der Kosten für das Unternehmen bedeutet. Bei der Beschließung neuer Gesetze und Verordnungen wird zu wenig auf die Umsetzbarkeit bzw. den erheblichen Mehraufwand an Zeit und Geld gedacht. Behörden bilden meist neu entstandene Regelungen nach deren Einschätzung und zu Lasten der Arbeitgeber ab! Beispiele gefällig?

» **Arbeitszeitaufzeichnung:**

Arbeitgeber müssen für jeden Arbeitnehmer Beginn und Ende der Arbeitszeit aufzeichnen. Aus diesen Aufzeichnungen muss neben der Tagesarbeitszeit auch hervorgehen:

› Die Wochenarbeitszeit
› Die tägliche Ruhezeit
› Die wöchentliche Ruhezeit

Werden Arbeitnehmer während der wöchentlichen Ruhezeit, der Ersatzruhe oder der Feiertagsruhe beschäftigt, sind Ort, Dauer und Art der Beschäftigung zu vermerken. Beginn und Ende der Ruhepausen sind ebenfalls aufzuzeichnen.

Bei Durchrechnung der Arbeitszeit (z.B. Gleitzeit) müssen auch Beginn und Dauer des Durchrechnungszeitraumes festgehalten werden. Dabei ist noch nicht bedacht, dass Mehrstunden/Überstunden nach gesetzlichen und kollektivvertraglichen Parametern noch zusätzlich zu bewerten sind!

» **Aufbewahrungspflicht:**

Aufgrund fehlender gesetzlicher Grundlagen bzw. der „Bestätigungspflicht“ des Mitarbeiters sind Arbeitgeber dazu genötigt, sämtliche den Mitarbeiter betreffenden Unterlagen auszudrucken und aufzubewahren.

Dazu zählen zum Beispiel:

- Einstellungsunterlagen (Lebenslauf etc.)
- Dienstverträge
- Lohnunterlagen (Lohnzettel, Lohnkonten, Anmeldebestätigungen)
- Monatliche Arbeitszeiten (12 pro Mitarbeiter pro Jahr)
- Wöchentliche Dienstpläne/Grundaufzeichnungen (52 pro Abteilung/Jahr)
- etc.

» Anträge und Formulare:

Um verschiedene Leistungen für die Mitarbeiter bei den einzelnen Körperschaften zu beantragen, sind laufend Anträge oder Formulare, wie z. B. Arbeits- und Entgeltbestätigungen im Krankheitsfall, Versicherungsangaben für die PVA oder Entgeltangaben für das AMS, zu beantragen bzw. vorzulegen. Es wird hierbei keinerlei Rücksicht auf den dadurch entstehenden Zeitaufwand genommen.

Ein Beispiel: Im Falle eines länger andauernden Krankenstandes erhält der Dienstnehmer nach einer gewissen Zeit Leistungen der Gebietskrankenkassen – das sogenannte Krankengeld. Um das Krankengeld des Mitarbeiters zu beantragen, ist eine Arbeits- und Entgeltbestätigung auszufüllen und an die Gebietskrankenkasse zu übermitteln. Gesamt sind rund 25 Angaben zu tätigen – Zeitaufwand ca. 15 bis 20 Minuten pro Formular!

Auskunftserteilung – Fehlanzeige! Bei der täglichen Arbeit im Personalbereich hat sich der Unternehmer bzw. dessen Bevollmächtigte an eine Unzahl von Gesetzen, Verordnungen bzw. kollektivvertragliche Bestimmungen zu halten.

Bei der Auslegung und Einhaltung dieser Parameter stößt der Unternehmer dabei immer wieder an seine Grenzen.

Anfragen bei Behörden oder Interessenvertretern sind meist sehr langwierig oder werden nicht schriftlich bzw. gar nicht beantwortet. Anfragen bei den Interessenvertretern bzw. Anfragen nach § 43a ASVG bzw. § 90 EStG schützen zwar grundsätzlich vor Strafe, jedoch können, trotz einer offiziellen Anfrage, horrende Nachzahlungen entstehen.

Unserer Ansicht nach sollte jedes ehrliche Unternehmen bei offiziellen Anfragen auch insoweit Rechtssicherheit erlangen, dass es keine Nachzahlungen zu befürchten hat und mit ruhigem Gewissen seine Tätigkeit fortführen kann!

Die Prüfung, der Prüfer, das Ergebnis: Auslegung einer Überprüfung lt. GPLA-Richtlinien von 2003: Aufgabe der GPLA (gemeinsame Prüfung aller lohnabhängigen Abgaben) ist es, bei Dienstgebern und/oder deren Bevollmächtigten durch Prüfung aller maßgeblichen Unterlagen die Einhaltung der sozialversicherungsrechtlichen Bestimmungen sowie die Verwirklichung der Gleichmäßigkeit der Besteuerung im Sinne von Steuergerechtigkeit sicherzustellen. Wie der Rechnungshof bereits im Jahr 2012 festgestellt hat, werden bundesweit Einnahmen aus den der GPLA unterliegenden lohnabhängigen Abgaben von rund 60 Mrd. Euro pro Jahr (Jahr 2010) generiert!*

Prüfer/innen sind darauf gedrillt, Mehrergebnisse aus einer Überprüfung zu lukrieren. Und genau da beginnt das Problem für die Unternehmen! So konnten darüber hinaus Mehreinnahmen von rund 437 Mio. Euro im Jahr 2010 durch die gemeinsame Prüfung lohnabhängiger Abgaben für die Staatskasse generiert werden. Auch das ordentlichste Unternehmen muss befürchten, mit Nachzahlungen konfrontiert zu werden. Die GPLA-Richtlinien von 2003 sind nicht mehr zeitgemäß und die Prüfungen verfehlen teilweise den ursprünglichen Sinn einer Überprüfung. Der Beratungsauftrag wird so gut wie nie wahrgenommen und auch Ergebnisse richten sich nach dem Ermessen des Prüforgans. Da natürlich die Angst groß ist, eine Verschlechterung der Situation für die Unternehmen herbeizuführen, wird diesbezüglich geschwiegen.

Es braucht hier Lösungen, um auch den Arbeitgeber zu schützen!

Strafbestimmungen und „Schikanierungsgesetz“: „Wo gearbeitet wird, passieren Fehler!“ – ein sehr bekanntes Sprichwort, das jedoch in der heutigen Judikatur so gut wie keinen Platz findet. Egal ob selbst verschuldet oder nicht, egal ob vorsätzlich oder

* Quelle: www.rechnungshof.gv.at

nur ein geringfügiges Verschulden, egal ob bei einer mittelbaren oder unmittelbaren Betretung durch die Behörden, primär wird bei einem Fehler immer eine strafbare Verwaltungsübertretung angenommen. Hier gilt also nicht die Unschuldsvermutung für den Angeklagten! Betriebs- und teilweise auch branchenfremde Prüfer bzw. Beamte sollen nun beurteilen, in Höhe welchen Verschuldensgrades die Übertretung stattgefunden hat und mit welchen Strafmaßnahmen diese belegt werden kann.

Die aus dem Arbeitsrecht zu befürchtenden Strafmaßnahmen belaufen sich zurzeit pro Anlassfall auf € 72,– bis € 50.000,–. Bis auf die Bewertung des Verschuldensgrades (es können Strafen entfallen, wenn eine „leichte Fahrlässigkeit" nach Ansicht der Behörden nicht überschritten wurde), sind die Gründe für einen Strafverzicht durch die Behörden so gut wie nicht gegeben.

Ungerechtfertigte Strafen auf dem Gerichtsweg anzufechten, ist für einen Unternehmer im Verhältnis zum Zeit- bzw. Kostenfaktor wirtschaftlich nicht tragbar. Aus diesem Grund bleibt dem Unternehmer meist nichts anderes übrig, als die Strafe, ungeprüft auf deren Rechtmäßigkeit, zu bezahlen!

Vorsätzlich straffällige Unternehmen gehören aus dem Verkehr gezogen. Eine Anhebung und Ausweitung der Strafmaßnahmen dient nur zur Einnahmengenerierung der Behörden und löst nicht die Probleme der Betrugsbekämpfung bzw. Wettbewerbsverzerrung!

Höchstarbeitszeiten, Ruhezeiten, Ruhepausen. Die ÖHV (Österreichische Hoteliervereinigung) hat bereits in ihrem Arbeitspapier „Vorschläge aus der betrieblichen Praxis – Für zeitgemäße gesetzliche Regelungen" die Problemstellungen der Arbeitszeiten sehr genau zusammengefasst und mögliche Lösungen vorgebracht. Um auf dem internationalen Markt wettbewerbsfähig zu bleiben, benötigt es zeitgemäße Arbeitsmodelle, die ohne umständliche Voraussetzungen, wie zum Beispiel eine Arbeitsmedizinische Unbedenklichkeitsbescheinigung, umzusetzen sind. Der Gast richtet sich bei seinem Besuch nicht an gesetzliche Vorgaben, wie z. B. Nachtruheverordnungen.
Es fehlen daher Regelungen für einen gesetzlichen Rahmen, der es den Unternehmern ermöglicht, auf die Bedürfnisse ihrer Kunden auch eingehen zu können, und damit die Möglichkeit bietet, eines der schönsten und besten Urlaubsziele der Welt auch nachhaltig marktfähig zu erhalten!

Durchrechnung von Freibeträgen. Eine sehr wichtige und notwendige Abgabenerleichterung die Mitarbeiterabrechnung betreffend, bietet der § 68 EStG. Überstundenzuschläge und Feiertagszuschläge können unter bestimmten Voraussetzungen steuerfrei belassen werden. Vor allem in der Hotellerie und Gastronomie werden viele Überstunden, welche die Voraussetzungen des § 68 EStG für die Steuerfreiheit von Zuschlägen bietet, geleistet.

Aufgrund diverser Judikate und der Auslegung der Finanz lt. Lohnsteuerrichtlinien, dürfen Freibeträge nur in Monaten genutzt werden, in denen diese Voraussetzungen auch gegeben sind.

In der Praxis bedeutet dies, dass sich der Nettolohn/-gehalt des Mitarbeiters jeden Monat ändert. Aufgrund der steigenden Fixkosten der Arbeitnehmer sollte jede berufstätige Person das Recht auf einen fixen Durchschnittslohn/-gehalt bekommen, ohne dass dies zu Lasten des Arbeitgebers geht.
Eine einfache gesetzliche Erweiterung über eine Berechnung des Jahresschnittes von Freibeträgen würde diese Problemstellung bereits lösen.

Sachbezüge. Grundsätzlich ist nichts dagegen einzuwenden, Abgaben für geldwerte Vorteile aus einem Dienstverhältnis zu leisten. Die Regelungen hierzu sind jedoch zu allgemein und benachteiligen gewisse Arbeitnehmergruppen. Ein Hausmeister zum Beispiel, der mit dem betriebseigenen, sieben Jahre alten Transporter hin und wieder nach Hause fährt, bezahlt unter den gleichen Voraussetzungen seine Abgaben wie ein Direktor, der ein Auto als Gehaltsbonus erhält und dies überwiegend privat verwendet. Hinzu kommen noch die unverhältnismäßig hohen Bemessungsgrundlagen, die ein Unternehmer, zusätzlich zur Anschaffung und Instandhaltung eines Kfz, zu tragen hat.

„Pfiat-di-Gott-Steuer". Ein Beispiel aus Vorarlberg*: Dort haben Unternehmen im Jahr 2016 über 1,8 Millionen Euro bezahlt, weil sie Mitarbeiter gekündigt haben. Für die meisten Kündigungen muss die Auflösungsabgabe, auch „Pfiat-di-Gott-Steuer" genannt, bezahlt werden. Gewerkschaft und Wirtschaftskammer kritisieren dies heftig. Für den stellvertretenden Direktor der Vorarlberger Wirtschaftskammer, Christoph Jenny, ist diese Abgabe eine „Strafzahlung". Der Staat solle Bedingungen schaffen, die die Beschäftigung von Mitarbeitern fördert und nicht die Unternehmen straft. Auch dem Vorarlberger Gewerkschaftschef Norbert Loacker ist die Auflösungsabgabe ein Dorn im Auge. So würden nur die Lohnnebenkosten steigen, eine sinnvolle Steuerung des Arbeitsmarktes gebe es so auf keinen Fall. Stattdessen sollte ein „Bonus-Malus-System" mehr Beschäftigung für ältere Menschen bringen. Bereits jetzt sei es für ein Unternehmen extrem kompliziert, Dienstverhältnisse zu beenden, denn es gebe bereits rund 20 verschiedene Auflösungsmöglichkeiten. Auch die Vorarlberger Arbeiterkammer spricht sich für eine Abschaffung der Auflösungsabgabe aus. Man habe damit ein „bürokratisches Monster" geschaffen.

Unternehmen benötigen ein mittelgroßes, eigenes Personalmanagement, um derartige Neuerungen umzusetzen und von dessen Grundkonzepten zu profitieren. Leider ist nicht für jeden kleinen oder mittleren Betrieb ein Personalmanagement leistbar.

* Quelle: www.vorarlberg.orf.at

„Hardcore" II: Kollektivvertrag

Anonym*

Achtung, hier kommen „Hardcore"-Infos auf Sie zu, liebe Leser! Die folgenden Beiträge von Experten im Personalbereich, Arbeitsrecht, Steuerrecht und Personalverrechnung für die Gastronomie sind keine leichte Kost. Aber, als Selbstständiger muss man sich damit auseinandersetzen. Denn Unwissenheit schützt vor Strafe nicht. Und mit dem Strafen sind sie schnell, unsere Behörden. Viel schneller als mit der Beratung. Aber was erzähle ich Ihnen, wenn Sie selbst Wirt oder Hotelier sind! Wenn Sie aber nicht selbstständig sind, dann nehmen Sie sich doch bitte einmal die Zeit und tauchen Sie ein in die Welt der Verordnungen, in der es vor DB, DZ, Paragraphen, ASVG, EStG, GPLA und KommSt nur so wimmelt.

Günter Hager

Dauer des Durchrechnungszeitraumes. Das Arbeitszeitgesetz sieht im Zusammenhang mit dem Durchrechnungszeitraum wie folgt vor:

§ 4 (6) Andere Verteilung der Normalarbeitszeit – Arbeitszeitgesetz:

Für Arbeitnehmer, die nicht unter Abs. 4 fallen, kann der Kollektivvertrag zulassen, dass in einzelnen Wochen eines Durchrechnungszeitraumes von bis zu einem Jahr die Normalarbeitszeit

1. bei einem Durchrechnungszeitraum von bis zu acht Wochen auf höchstens 50 Stunden,

* Die Verfasser beziehen sich auf jahrelange Erfahrung bei der Betreuung von über 400 österr. Hotel- und Gastronomiebetrieben. Sämtliche Angaben erfolgen trotz sorgfältiger Bearbeitung ohne Gewähr!

2. bei einem längeren Durchrechnungszeitraum auf höchstens 48 Stunden ausgedehnt wird, wenn sie innerhalb dieses Zeitraumes im Durchschnitt 40 Stunden bzw. die durch Kollektivvertrag festgelegte Normalarbeitszeit nicht überschreitet. Der Kollektivvertrag kann einen längeren Durchrechnungszeitraum unter der Bedingung zulassen, dass der zur Erreichung der durchschnittlichen Normalarbeitszeit erforderliche Zeitausgleich jedenfalls in mehrwöchigen zusammenhängenden Zeiträumen verbraucht wird. Die tägliche Normalarbeitszeit darf neun Stunden nicht überschreiten. Viele Kollektivverträge nutzen diese Möglichkeit bereits!

Eine Ausdehnung des Durchrechnungszeitraumes würde eine bessere Planung der Arbeitszeiten der Mitarbeiter bieten und könnte so vermehrt Jahresanstellungen schaffen. Es sollte möglich sein, den Durchrechnungszeitraum auf ein Wirtschaftsjahr anzupassen, um unregelmäßig anfallende Arbeitsspitzen effizienter gestalten zu können.

Bewertung von Überstunden im Durchrechnungszeitraum. Während der Durchrechnung entstehen Überstunden über 9 Stunden am Tag bzw. über 48 Stunden in der Woche. Diese Stunden dürfen im vereinbarten Falle der Zahlung nicht bis zum Ende des maximal 26-wöchigen Durchrechnungszeitraumes aufgeschoben werden, sondern müssen bei Arbeitern bis zum 3. Tag des Folgemonats und bei Angestellten bis zum Ende eines Kalendermonats finanziell abgegolten werden. Besteht jedoch eine Vereinbarung von Zeitausgleich, dürfen diese weiterhin während des Durchrechnungszeitraumes in Form von Zeitausgleich abgebaut werden.

Am Ende des Durchrechnungszeitraumes kann mittels Einzelvereinbarung ein weiterer 3-monatiger Abbauzeitraum für Überstunden aus dem zuvor abgelaufenen Durchrechnungszeitraum vereinbart werden. Erst im Anschluss sind diese Überstunden aus dem alten Durchrechnungszeitraum zwingend zu bezahlen.

Eine derartig kompliziert aufgebaute Abrechnung, ist organisatorisch nicht machbar, keinesfalls sinnvoll und kann in der Praxis ohne größten Aufwand auch nicht umgesetzt werden. Viele Unternehmen sind bei der Abrechnung solcher Stunden auf deren externes Lohnbüro angewiesen. Weiters nimmt der Gesetzgeber bzw. nehmen die Kollektivvertragspartner dem Arbeitnehmer/der Arbeitnehmerin die Möglichkeit, diese Stunden durch Freizeit zu konsumieren.

Somit ergibt sich für die Bewertung während des Durchrechnungszeitraumes folgende Aufgabenstellung für den Unternehmer/die Unternehmerin:

» Prüfung der täglichen Stunden
» Prüfung der wöchentlichen Stunden
» Prüfung der Freibeträge
» Auszahlung der Überstunden
» Korrektur des Zeitsaldos*

* Strittig in der Praxis: Zurzeit beschreiben die Kollektivverträge nur, dass Überstunden entstehen. Ob darin der Grundlohn auch enthalten sein muss, ist nach Ausführungen des Kollektivvertrages zumindest fraglich. Demnach könnte ein Mitarbeiter in einer Woche zwar nur 40 Stunden leisten, wobei er aber an einem einzelnen Tag eine 10. Stunde gearbeitet hat. Schenkt man dem Kollektivvertrag Glauben, dann rechnet man für diese Woche 40 Stunden mit dem KV-Lohn/Gehalt ab und zusätzlich eine Überstunde, bestehend aus Grundlohn/-gehalt plus Zuschlag.

Wie die ÖHV (Österreichische Hoteliervereinigung) in ihrem Forderungspapier „Vorschläge aus der betrieblichen Praxis – Für zeitgemäße gesetzliche Regelungen" bereits beschrieben hat, sollten bei der Aufzeichnung und Abgeltung der geleisteten Stunden die bürokratischen Erfordernisse für Unternehmer/innen und Mitarbeiter/innen gering gehalten werden. (Dieses Papier kann unter www.oehv.at heruntergeladen werden.)

Fremdsprachenzulage. Die Kollektivverträge sehen für Garantielöhner und Angestellte, die eine oder mehrere Fremdsprachen, den betrieblichen Anforderungen entsprechend, beherrschen und nicht in eine Lohn- bzw. Gehaltskategorie eingestuft sind, die ihre Fremdsprachenkenntnisse berücksichtigt, für jede Fremdsprache einen Zuschuss zum kollektivvertraglichen Mindestlohn/-gehalt vor. Die Fremdsprachenzulage scheint am heutigen internationalen Arbeitsmarkt sehr veraltet zu sein.

Durch die Öffnung des Arbeitsmarktes innerhalb der Europäischen Union und des stetig steigenden Bildungsniveaus im Zusammenhang mit Fremdsprachen sollte solch eine Zulage direkt in die Entgelttafeln der jeweiligen Kollektivverträge integriert sein.

Zwingende Überzahlung für fallweise Beschäftigung. Der Kollektivvertrag sieht für fallweise Beschäftigte im Sinne des § 471 b ASVG vor, dass der Monatslohn mindestens 120% des kollektivvertraglichen Mindestlohnes betragen muss.

Aufgrund der neuesten Judikatur ist somit für fallweise Beschäftigte nicht nur eine 20%ige Überzahlung fällig, sondern der Arbeitnehmer hat auch Anspruch auf Urlaubsersatzleistung und gegebenenfalls auch Sonderzahlung.

Eine derartige Überzahlung ist nicht nur sinngemäß zu hinterfragen, sondern benachteiligt auch Aushilfen oder andere Arbeitnehmer/Arbeitnehmerinnen, die nicht dem § 471 b ASVG unterliegen.

Beraten statt strafen

Ernst Schietz*

Die meisten Unternehmer kommen ihren steuerlichen Verpflichtungen korrekt nach, wollen einfach ruhig schlafen und keine Probleme mit der Finanz haben. Das soll den Mitarbeitern in den Behörden vermittelt werden. Oftmals hat man nämlich den Eindruck, dass in jedem kleinen Unternehmer ein potenzieller Steuerhinterzieher vermutet wird. Und bei Kontrollen durch die Finanzpolizei etc. wird deshalb halt oftmals gerade bei den „Kleinen“ weit über das Ziel hinausgeschossen.

„Beraten statt strafen“ wäre die angemessene Strategie. Es liegt natürlich an der Politik bzw. den Führungskräften in der Verwaltung, ihre Bediensteten dazu anzuhalten. Und als steuerlicher Vertreter vieler kleiner Gewerbetreibender erlaube ich mir auch noch einen Wunsch an die Politik: Nämlich, dass die Freigrenze für Lohnnebenkosten von Kleinstbetrieben endlich angehoben wird!

* Ernst Schietz, Steuerberater, Neufelden (Oberösterreich)

Rauchen? Spital ja, Wirtshaus nein!

Mario Pulker*

Durch die im Jahr 2015 beschlossene Tabakgesetznovelle wird ab 1. Mai 2018 ein generelles und ausnahmsloses Rauchverbot für die Gastronomie eingeführt. Wir haben damit in Österreich für die Gastronomie eines der strengsten Rauchergesetze in Europa. Während in anderen öffentlichen Gebäuden, wie Einkaufszentren, Flughäfen, Krankenanstalten, ja sogar Sanatorien und Heilanstalten, weiterhin abgetrennte Raucherräume eingerichtet und betrieben werden dürfen, wird dies Gastronomen dann ausnahmslos verboten sein. Dies halten wir für nicht sachgerecht, hier wird eindeutig übers Ziel hinausgeschossen. Darüber hinaus sollte es für kleine, inhabergeführte Betriebe weiterhin die Möglichkeit geben, das Rauchen zu erlauben.

In anderen europäischen Ländern gibt es durchaus andere Lösungen. Beispielsweise sind in der Schweiz in 20 von 27 Kantonen Raucherräume mit Bedienung zulässig, in zwölf gibt es auch die Möglichkeit, reine Raucherbetriebe einzurichten. Auch in Deutschland ist dies in den meisten Bundesländern – mit Ausnahme von Bayern und Nordrhein-Westfalen – möglich.

Zur Entlastung der Gastronomie, unsere Forderungen und Lösungsansätze:

- » *Rücknahme der Mehrwertsteuererhöhung von 13% auf 10%*
- » *spürbare Senkung der Lohnnebenkosten*
- » *Streichung von Bagatellsteuern und Abgaben, wie Flugabgabe, Schaumweinsteuer und Werbeabgabe*
- » *Erleichterungen bei den wiederkehrenden Überprüfungen und im Betriebsanlagenrecht*
- » *Investitionsschutz und Rechtssicherheit für genehmigte Betriebsanlagen*
- » *gleiche Rahmenbedingungen für die gewerbliche und sharing-economy*
- » *Flexibilisierung der Arbeitszeiten*
- » *Erhöhung der Grenze für die Abschreibung von geringwertigen Wirtschaftsgütern auf € 1.500,–*

* Mario Pulker, Obmann Fachverband Gastronomie Wirtschaftskammer Österreich

FUCKING *LOVED* GASTRO

Vereinzelt wurde mir vorgeworfen, mit dem Titel FUCKING GASTRO die Branche schlechtzumachen. Im Gegenteil: Eben *WEIL* ich die Gastronomie liebe, schrieb ich dieses Buch! Um einen Schlager zu zitieren: *„Verdammt, ich lieb' sie, die Gastronomie!"* Das Buch könnte also auch FUCKING *LOVED* GASTRO heißen. Wär' doch ein guter Titel für Band 3 …

Statt uns Gastronomen und Hoteliers zu unterstützen und zu motivieren, wurden uns von der Politik durch permanente Auflagen Gegenwind und Demotivation beschert. Einem von Wetter, Jahreszeit und Ausgehgewohnheiten abhängigen Gastgeber wird es fast unmöglich gemacht, die Wünsche der Gäste mit den Gesetzen in Einklang zu bringen. Auf vielen Wegen versuche ich, auf die besorgniserregende Situation in der klassischen Dienstleistungs-Gastronomie aufmerksam zu machen. FUCKING GASTRO RELOADED ist einer davon.

Ein österreichisches Kulturgut ist im Begriff, ausgerottet zu werden. Mit dem Verschwinden von Gasthäusern und ihren regionalen Zulieferern und landwirtschaftlichen Produzenten verabschieden sich auch regionale Speisen, Getränke und traditionelle heimische Feste. Es verschwindet eine gesellschaftspolitisch so wichtige Kommunikationsstätte, es verschwindet die Chance für unsere Jugend, die wunderbaren Berufe Koch und Kellner auszuüben. Und es geht eine der Säulen des österreichischen Tourismus für immer verloren. Mit FUCKING GASTRO RELOADED wollte ich meinen Beitrag dazu leisten, dass jene, die ständig für Gegenwind und Demotivation sorgen, endlich umdenken.

Günter Hager, Wirt

Günter Hager: Fakten & Stationen

Zur Person
Geboren 1955 in Wels, aufgewachsen in Viechtwang bei Scharnstein im Almtal, wohnhaft im Mühlviertel, verheiratet mit Monika, Sohn Andreas.

Hobbys
Reisen, tibetische Kultur, Fotografie, Schreiben, Gartenkunst, gute Weine

Lebensphilosophie
Anderen Menschen Freude bereiten

Lebensziel
Ausgeglichen zu sein

Ausbildung
» Kochlehre
» Küchenmeisterprüfung mit Auszeichnung
» Konzessionsprüfung
» Zahlreiche Trainingslehrgänge bei int. Topköchen
» Feng-Shui-Ausbildung
» Reiki-Ausbildung
» Prozessbegleiterlehrgang bei Dr. August Höglinger

Karrierestationen
» Bahnhofsrestaurant Wels
» Sonnenhof in Gmunden
» Skischule Hinterstoder – Landesskilehrer
» Restaurant Rosenberger in St. Valentin
» Hotel Zenzerwirt in Hippach im Zillertal (Küchenchef)
» Hotel Philipp in Seefeld (Küchenchef)
» Hotel Schloss Dürnstein in Dürnstein/Wachau (Küchenchef)
» Hotel Schillerpark, Casino Linz (Souschef/Küchenchef)
» Stephanskeller in Konstanz / Bertold Siber (1 Stern Guide MICHELIN, 2 Hauben Gault&Millau)
» Casino-Restaurant Gala in Aachen / Gerhard Gartner (1 Stern Guide MICHELIN, 3 Hauben Gault&Millau)
» Hilton in Wien / Werner Matt (2 Hauben Gault&Millau)
» Restaurant Allegro in Linz (Pächter, erstes Haubenrestaurant von Linz, 2 Hauben Gault&Millau)
» Restaurant Stadtwirt in Linz (Pächter)
» Stadtcafe im Amadeus in Linz (Pächter)
» Stadtbräu „Josef“ in Linz (Pächter)
» „Kaufmann's“ Kaffeehaus in Linz (Pächter)

Soziale Projekte
Bau von zwei tibetischen Waisenhäusern „Home Josef 1" und „Home Josef 2" sowie Bau eines Altersheimes „Home Josef 3"
für 100 tibetische Bergnomaden in Leh/Ladakh
und viele weitere soziale Einrichtungen

Auszeichnungen/Höhepunkte
» 18 Goldmedaillen bei internationalen Kocholympiaden und Buffetwettbewerben
» Wirtschaftspreis der Stadt Linz
» Goldene Kochhaube Österreich
» Goldene Roulette-Kugel Casinos Austria
» Restaurant Allegro (2 Hauben/Gault&Millau)
» OÖ Marketingpreis
» Silbernes Verdienstzeichen des Landes Oberösterreich
» Sieben Audienzen und persönliche Treffen mit dem Dalai-Lama

Gekocht für ...
... Veranstaltungen wie
» Opernball im Holiday Inn in Peking, China
» Österreich-Abend der Wiener Philharmoniker im Hotel Intercontinental Furama in Hongkong
» Österreich-Empfang der Wiener Philharmoniker im Hotel Sutton Place in Toronto, Kanada (1989)
» Staatsempfang des amerikanischen Präsidenten Jimmy Carter im Hotel Schloss Dürnstein, Wachau (1979)

... Persönlichkeiten wie
» Bundespräsident Kurt Waldheim » Thomas Gottschalk » Rudi Carrell » Curd Jürgens » Charlton Heston » Frank Stronach » Sultan von Brunei » Udo Jürgens » Niki Lauda » Bundespräsident Klestil » Ottfried Fischer » Bernie Ecclestone » Christina Stürmer » Waterloo & Robinson » Josef Hader » Karl Merkatz » Hermann Maier » Josef Prokopetz » Thomas Muster » René Gabriel » Franz Klammer » Hubert von Goisern » Gerhard Haderer » Robbie Williams und viele mehr

Aufgelesen: Sager, Sprüche, Weisheiten

Toleranz kann man von den Rauchern lernen. Noch nie hat sich ein Raucher über einen Nichtraucher beschwert.

Alessandro Pertini, italienischer Politiker, Staatspräsident

Gegenüber der Fähigkeit, den nächsten Tag zu planen, ist alles andere wertlos.

Johann Wolfgang von Goethe

Ich träume davon, einmal bestimmte Eltern wegen fehlender Erziehung ihrer Kinder zu verklagen. Wir Ausbildner von Lehrlingen müssen erst Jahre erziehen, bevor wir ausbilden können. Meist ist die Lehrzeit dann vorbei!

Ein Küchenmeister und Lehrlingsausbildner

Die geringeren Einnahmen durch die Steuerreform werden nicht ausschlaggebend sein. Denn diese liefern wir durch die Hintertür doppelt und dreifach wieder an den Staat ab. Dieser Frage sollte die Politik dringend nachgehen.

Facebook-Blogger

Experten schätzen, dass die Wartezeit für den Gast dank der verpflichtend mitzuliefernden Rechnung um bis zu 25 Prozent steigt.

Günter Hager

Bürokratie? Sinnlose Gesetze? Behördenwahnsinn? ... Ganz ehrlich – ich möchte darüber wirklich nicht mehr zu viel nachdenken. ;)

Ein Ex-Gastronom auf die Bitte, einen Gastbeitrag für FUCKING GASTRO RELOADED zu schreiben.

Eine Verwaltungs- und Staatsreform muss wehtun – wenn sie nicht wehtut, ist es keine gescheite Reform.

Manfred Matzka, langjähriger Spitzenbeamter (SPÖ) im KURIER

Wenn du einem Baum immer mehr Wasser entziehst, stirbt er. So geht es der Gastro mit der Politik!

Nichts ist riskanter,
als nichts zu riskieren!

Das Nichtraucherschutzgesetz ist überhaupt paranoid. Es wird unter anderem wegen der Mitarbeiter eingeführt, die selbst oft am meisten rauchen.

Es gibt einen Trend nicht nur in Österreich, sondern in ganz Europa hin zu immer mehr Regulierung, der freiheitsgefährdend ist. Wenn staatliche Regeln vorschreiben, dass Reinigungskräfte unterschreiben müssen, dass sie Putzmittel nicht trinken dürfen, und Köche unterschreiben müssen, dass Messer scharf und somit gefährlich sind, dann läuft etwas gewaltig falsch.

Minister Sebastian Kurz im KURIER-Interview

Die in letzter Zeit angewachsenen Konzessionsinhaber der Systemgastronomie sind nur mehr „Betriebs-Wirte“, die keiner kennt und die an der Pflege der österreichischen Gastronomiekultur nicht teilnehmen.

Lehrmeister zu seinem Lehrling:
Behandle den Menschen, wie er ist, dann wird er schlechter.
Behandle ihn, wie er sein könnte, und er wird besser!

Kunden muss man locken,
Fans kommen von allein.
Die Kunden geben ihr Geld, Fans ihr Herz.
Viele Kunden sind Kritiker, Fans Werbeträger.
Kunden reklamieren, Fans verzeihen.

Paul Johannes Baumgartner

Zünde ein Zündholz an und frage deine Mitarbeiter, warum sie bei dir arbeiten, sie haben genau 7 Sekunden Zeit!

Bayerns Regierung verlangt, Klein- und Mittelbetriebe bei Prüfungen zu schonen.
Die erste Tat nach der Ankündigung einer Steuerreform in Österreich: Der Finanzminister stellte 500 Finanzbeamte zusätzlich ein!

Facebook-Blogger

Man muss das Geld beim Fenster rauswerfen, damit es bei der Türe wieder reinkommt!

Adi Werner, Hotelier

ES GEHT NICHT MEHR UM DEMOKRATIE,
ES GEHT UM WIRTSCHAFT.

Die neuen Gastro-Mitbewerber sind schon lange nicht mehr im Kollegenkreis zu suchen, vielmehr bei mit unseren großzügig durch Steuergelder finanzierten Gesellschaftseinrichtungen wie staatliche Kongresseinrichtungen, Krankenhausküchen, Bankenrestaurants und Vereinsgastronomien!

Ein Wirt

Es gibt bei uns Vorschriften-Wahn und Kompetenz-Wirrwarr. Alle sind für alles zuständig, aber keiner will verantwortlich sein.

Hannes Androsch, Industrieller im Interview mit OÖ Nachrichten

War der Tag nicht dein Freund,
so war er doch dein Lehrer!

Demokratie ist, wenn fünf Füchse und ein Hase darüber abstimmen, was es zum Abendessen gibt! Freiheit dagegen bedeutet, wenn der Hase mit einer Schrotflinte die Wahl anfechten kann.

Vince Ebert, Kabarettist

Wenn wir früher schlechte Noten hatten, sind wir Schüler geschimpft worden und nicht die Lehrer.

Bei reifen Weinen bin ich für Kork!
Bei Weinen mit Kork für Schrauber!

René Gabriel

Manchmal mache ich mir SORGEN, manchmal einen DRINK.

Auf einer Wirtshaustafel

Gehen Sie ins Reisebüro und versuchen Sie zwei Stunden weg vom Alltag zu buchen. Bei uns kommen die Gäste zur Tür herein – nach einem anstrengenden, nervenaufreibenden Tag und oft gestresst. Sie sitzen bei uns und genießen vielleicht ein gutes Essen, ein schönes Glas Wein, unterhalten sich mit Freunden und gehen glücklich und zufrieden wieder nach Hause. Das kann Ihnen sonst keiner bieten.

Sandra Hofbauer, Wirtin

LWmedia
VERLAG

FUCKING GASTRO

Günter Hagers erstes Werk FUCKING GASTRO, das Buch über den „täglichen Wahnsinn Gastronomie“, schlug ein wie eine Bombe und wurde zum Bestseller. Günter Hager: „Ich habe alles hineingepackt, was mir in 45 Jahren an Ungeheuerlichkeiten begegnet ist.“ Ein Buch voller Leidenschaft gegen die „Totengräber der Gastronomie“. Und auch ein Plädoyer für den Beruf Wirt, für die Institution Wirtshaus, für die Gastronomie und Hotellerie und für den Gast!

Einzelpreis € 19,90 *zzgl. Versandkosten*

*FUCKING GASTRO – Günter Hager**
278 Seiten, Hardcover
ISBN 978-3-9504163-2-9

BESTELLUNGEN
mit dem Betreff „fuckinggastro“ an office@lwmedia.at
T +43 2732 82000-10 | F -82, www.lwmedia.at

** Erhältlich auch im gut sortierten Buchhandel.*

LWmedia
VERLAG

Weinwissen

Der langjährige Autor des Weinfachmagazins „Vinaria" Wolfgang Wachter hält Antworten für Weinliebhaber bereit, die mehr wissen wollen. Es geht u. a. um Spontangärung, Naturwein, um Gene in Unterlagsreben und um die Frage, wie man aggressive Weine zähmt. Es erklärt, warum manche Menschen allergisch auf den Göttertrank reagieren, wie sich der böse Kater in unserem Körper einnistet, und warum Wein Balsam für Leib und Seele sein kann.

Einzelpreis € 24,90 *zzgl. Versandkosten*

*WEINWISSEN – Wolfgang Wachter**
272 Seiten, zahlreiche Infografiken, Hardcover
ISBN 978-3-9504163-5-0

BESTELLUNGEN
mit dem Betreff „weinwissen" an office@lwmedia.at
T +43 2732 82000-10 | F -82, www.lwmedia.at

** Erhältlich auch im gut sortierten Buchhandel.*